66 Dias Para Mudar Sua Vida: 12 Etapas Para Remover Bloqueios Mentais, Reprogramar Seu Cérebro e Atrair Dinheiro

Dan Desmarques

Published by 22 Lions Bookstore, 2019.

Sumário

Direitos Autorais 1

Sobre a Editora 3

Introdução 5

Por que Este Conhecimento é Importante? 7

Por que Este Sistema Funciona? 9

Por que são 66 dias? 11

Por que os Hábitos são Difíceis de Formar? 13

Por que Precisamos Fazer Sacrifícios? 15

Por que as Pessoas Ricas Pensam de Maneira Diferente? 17

Por que você precisa mudar sozinho? 21

Por que os Fatos não Importam? 23

Por que Nada é Impossível? 25

Por que o Tempo é Relativo? 27

Por que 21 Dias Não é Suficiente? 29

Por que Sua Vida Social Será Afetada? 31

Por que a Religião é Enganosa? 33

Por que Deus Pune o Estúpido? 37

Como Pode Evitar a Ignorância em Massa? 39

Por que a Ignorância é o Principal Inimigo? 41

Por que o Amor não é a Resposta? 43

Por que Você Não Precisa Prever o Futuro? 45

Por que é Bom Perder Relacionamentos? 47

Qual é a Verdadeira Fonte do Desacordo? 49

A Lei da Atração em Poucas Palavras 51

Por que as Afirmações Não São Suficientes? 53

Seu Relacionamento Emocional com o Dinheiro 57

Por que Dinheiro e Status Estão Inter-relacionados? 59

Por que Certos Valores Podem Mantê-lo Pobre? 63

Por que Seus Amigos Podem Mantê-lo Pobre? 65

A Grande Mentira no Igualitarismo 67

Etapa 1: Deprogramando a Mente 69

Etapa 2: Desbloqueando a Prosperidade 73

Etapa 3: Aumentando Seu Poder Magnético 87

Etapa 4: Reabilitando Sua imaginação 91

Etapa 5: Realinhando Seu Espírito 93

Etapa 6: Reescrevendo Seu Karma 95

Etapa 7: Abrindo Portais Quânticos 101

Passo 8: Mantras Para a Abundância 103

Etapa 9: Eliminando Crenças Negativas 105

Etapa 10: Limpando Sua Energia Sexual 109

Etapa 11: Aumentando Sua Riqueza Usando Karma 113

Etapa 12: Atraindo Mais Riqueza com Amor 117

Direitos Autorais

66 Dias Para Mudar Sua Vida: 12 Etapas Para Remover Bloqueios Mentais, Reprogramar Seu Cérebro e Atrair Dinheiro

Escrito por Dan Desmarques

Copyright © Dan Desmarques, 2019 (1ª Ed.) Todos os Direitos Reservados.

Publicado por 22 Lions Bookstore & Publishing House

Sobre a Editora

Sobre a 22 Lions Bookstore:

www.22Lions.com

Facebook.com/22Lions

Twitter.com/22lionsbookshop

Instagram.com/22lionsbookshop

Pinterest.com/22lionsbookshop

Introdução

A principal idéia para a produção deste livro surgiu depois de perceber como as crenças dos outros estavam constantemente me fazendo perder dinheiro e atrasando minha vida no que diz respeito a alcançar meus objetivos, levando-me a falir nos negócios que acabara de iniciar.

A conscientização para esse fato foi extremamente frustrante, mas também difícil de controlar por várias razões, a saber, porque nem sempre podemos detectar quem são essas pessoas e também porque, mesmo que possamos reconhecê-las, podemos não ser capazes de removê-las da nossa vida.

A única maneira de resolver esse problema efetivamente consiste na criação de um sistema que pode reorganizar os diferentes padrões de nossa existência de uma só vez através dum enfoque em apenas uma área, de preferência de natureza material, como é o caso do dinheiro.

O conteúdo apresentado aqui parte da premissa de que, se nossos pensamentos interferem em nosso destino, os pensamentos de outras pessoas, que operam por padrão, podem ter uma influência maior sobre esse destino.

Você já reparou como algumas pessoas ficam felizes quando você falha, como se já estivessem esperando isso? Ou quão simpáticas algumas pessoas parecem ser quando você é pobre? Eles são os mesmos que ressentem sua felicidade e abundância quando mais tarde na vida se torna bem-sucedido, e depois reivindicam as coisas mais absurdas para provar que você não é digno daquilo que obtém, e isso, enquanto encontram desculpas para se afastarem de sua realidade.

Este paradigma social é tão óbvio que outro, contrariando esse comportamento comum, também precisava estar presente. Encontrei tal paradigma e depois decidi criar um sistema para me ajudar a aplicá-lo. Depois de ver os resultados imediatos se manifestando em minha própria vida, até mesmo quando estava criando este livro —devido ao fato de estar lendo os exercícios em minha mente enquanto preparava o conteúdo — concluí que a aplicação deste sistema seria muito útil para a minha comunidade de leitores.

Por que Este Conhecimento é Importante?

Existem milhões de livros, até cursos e vídeos, sobre o tema de atrair abundância e riqueza, nomeadamente sobre a lei da atração, vibração e manifestação. Existem até grupos com terapias específicas para ajudar as pessoas a superar sua mente subconsciente e atrair riqueza. No entanto, como percebi, depois de estudar com muitos desses grupos, a grande maioria não entende todo o espectro de como a mente humana opera, e é por isso que geralmente falham em ajudar a maioria das pessoas ou podem apenas ajudá-las a obter o que sua mente já permitiu dentro de suas limitações. De fato, a maior parte do que você aprende com eles é simplesmente uma mentira, informação desatualizada, ou senso comum. Por mais útil que seja, esse conhecimento nunca levará a resultados excelentes.

Pessoalmente, nunca gostei de desperdiçar meu tempo e até acabei com amizades e relacionamentos que me impediam de alcançar meus objetivos de vida, geralmente enfrentando meses de solidão no processo, por causa dos valores que certamente não iria abandonar. E, naturalmente, é difícil seguir um estilo de vida extremo. Mas você só tem uma chance de provar seu valor real neste mundo. Foi por isso que fiz minha própria pesquisa com base nas técnicas mais avançadas e eficazes disponíveis para reprogramar e curar a mente e, em seguida, desenvolvi a estratégia apresentada aqui para fins específicos, em primeiro lugar e acima de tudo, com a intenção de usá-la para alcançar meus próprios objetivos financeiros, sonhos, e eliminar quaisquer crenças limitantes.

Quanto mais me concentrava na aplicação deste sistema, mais rápido percebia que os opositores, as personalidades negativas e todos os que se opunham ao meu sucesso continuavam desaparecendo da minha realidade, enquanto aqueles que queriam fazer parte dela começaram a mudar, tornando-se mais solidários e até, em alguns casos, ajudando-me a alcançar os resultados desejados.

Apenas dois meses se passaram, quando notei que quase todos os meus amigos eram empresários ou artistas de sucesso, assim como eu.

DAN DESMARQUES

Foi quando compreendi o quão a riqueza está correlacionada com qualquer outra coisa, até as pessoas com as quais nos cercamos e como se sentem em relação a nós.

Finalmente, enquanto continuava atraindo pessoas ricas para a minha vida e vendo aqueles que mantinham uma mentalidade de pobreza, ou que não acreditam no meu sucesso, se afastando, também vi meu caminho em direção aos meus sonhos ficando mais claro, permitindo-me ser mais hábil na obtenção dos resultados que procurava, o que, por outro lado, atraía ainda mais dinheiro em minha direção.

Dito isto, não tenho dúvidas de que o sistema aqui apresentado é de uma tremenda ajuda para mim, resolvendo problemas que tentei eliminar do meu caminho ao longo de toda a minha existência. E é por isso que continuo aplicando este sistema diariamente. Por este motivo, é um prazer, como autor e pesquisador, compartilhar agora tal sistema com você.

Por que Este Sistema Funciona?

Tudo o que você precisa fazer para ter sucesso na aplicação deste livro é acordar cedo todas as manhãs e repetir as listas de exercícios aqui apresentadas. Se você for honesto com o seu trabalho, se não sofre de doença mental, não é alcoólatra ou tem um histórico de abuso de drogas, provavelmente verá resultados em um período de tempo relativamente curto.

Todas as pessoas que conheço, e que têm aplicado o conhecimento descrito aqui e em outros livros sobre riqueza que escrevi, dobraram e até triplicaram em muitos casos, seus rendimentos, normalmente obtendo ofertas de emprego onde conseguiram salários mais altos, ou iniciando negócios que lhes permitiam abandonar seu próprio emprego. E vi esses resultados consistentemente na última década, desde que comecei a me tornar mais popular em todo o mundo com livros sobre a lei da atração. Na verdade, fiz até vinte vezes mais do que estava fazendo antes, aplicando as mesmas técnicas à minha própria vida.

Apesar desses resultados, este livro leva tudo a um nível superior, porque o objetivo aqui é interno e não externo. Seu verdadeiro objetivo com este livro é limpar sua mente de tudo e qualquer coisa que o impeça de se tornar mais rico, na premissa de que nasceu rico, e qualquer caminho pode guiá-lo até o seu objetivo desejado, principalmente se sempre sentiu que o trabalho que realizou e as muitas horas em que estudou sobre dinheiro não lhe permitiram alcançá-lo.

Este livro certamente o ajudará a atrair a riqueza que já está destinada à sua vida. E isso se manifestará de várias maneiras, como já vi na vida de outras pessoas. Se você deseja um salário mais alto, pode obter uma oferta de emprego melhor com o valor que deseja receber; se é proprietário de uma empresa, pode começar a ver as vendas aumentando ou obter idéias que o levam até lá; e muito mais. A nível pessoal, consegui aumentar minha renda enquanto criava este livro, e apenas lendo os exercícios enquanto os escrevia. Minha renda continuava aumentando a cada mês.

DAN DESMARQUES

Desejo o mesmo para você, compartilhando os segredos descritos aqui. Eles são baseados em uma extensa pesquisa que venho aplicando à minha própria vida e à vida de outras pessoas.

Por que são 66 dias?

Os cientistas chegaram à conclusão de que são necessários 66 dias para uma pessoa mudar de hábito; e hábitos condicionam nossos pensamentos, os quais são influenciados pelas verdades com as quais nos convencemos. Essas verdades criam o que consideramos nossa "zona de conforto" — um conjunto de crenças que podem não nos servir bem ou até mesmo ajudar a alcançar nossos objetivos, embora condicionem nossas decisões diariamente.

É porque nossa realidade está tão interconectada com nossa mente que não podemos alterá-la facilmente e sem consistência. Para isso, você precisa de um sistema como o descrito aqui.

Veja bem, muitos hábitos nos são familiares porque se relacionam com padrões de comportamento em outros que correspondem aos nossos — as mesmas pessoas que normalmente insistimos em manter em nossa vida por causa de uma familiaridade. Mudar nossos hábitos significa enfrentar uma mudança em nosso ambiente e resistência por parte das pessoas que conhecemos, e isso torna o processo muito mais difícil do que uma simples mudança de foco.

É por isso que tantas técnicas, como afirmações ou até auto-hipnose, têm um grande risco de fracassar, pois é muito mais difícil fazer com que alguém se familiarize com uma nova presença em você, uma nova atitude, do que criá-la; pois, não apenas criamos os hábitos que nos prendem em um ciclo repetitivo, mas também nos recompensamos por isso; nos recompensamos por esses maus hábitos quando fazemos algo agradável, como ter um bom jantar no fim de semana para compensar uma semana horrível de trabalho, quando tomamos álcool na sexta à noite para nos divertirmos e esquecermos o resto da semana, e quando fazemos qualquer outra coisa que ajude a nos libertar do estresse, a saber, quando nos engordamos com açúcar.

Toda vez que nos recompensamos por uma vida que odiamos, para compensar as emoções negativas dentro de nós, reforçamos nossos hábitos e suprimimos nossa consciência, e isso mantendo as mesmas crenças. É por isso que pensar positivo para compensar uma vida que você odeia é realmente uma coisa ruim a se fazer. Significa suprimir a realidade com uma camada de ilusão, da qual emergem todas as justificativas para não mudar.

Apesar desses fatos, estudos mostram que é possível romper com os hábitos mais bem construídos, se mantivermos a consistência do comportamento por uma média de 66 dias.

Em um estudo divulgado pelo Jornal Europeu de Psicologia social, Phillippa Lally e sua equipe de investigadores, pesquisaram 96 pessoas em um período de 12 semanas para descobrir exatamente quanto tempo leva para iniciar um novo hábito. Ao longo das 12 semanas, os participantes escolheram um novo hábito e relataram todos os dias como o comportamento era automatizado. No final desse período, Lally analisou os resultados e descobriu que o tempo médio necessário para os participantes adquirirem um novo hábito era de 66 dias.

Por que os Hábitos são Difíceis de Formar?

Muitos experimentos nos mostram que os hábitos levam tempo para serem aceitos pela mente subconsciente para serem operados por padrão. Escusado será dizer que mantemos os hábitos mais fortes copiados de nossos pais, devido aos muitos anos de vida sob suas regras e padrões de comportamento. Muitas de suas frases repetitivas estão imersas em nossa mente subconsciente como mantras, controlando nossos pensamentos e crenças.

Na verdade, é interessante ver como as pessoas sabotam sua própria vida, copiando hábitos que não correspondem aos seus objetivos, e isso devido a uma familiaridade emocional. Se, por exemplo, seus pais sempre dramatizaram falta de dinheiro e abuso de álcool, você pode beber demais nos fins de semana e evitar empregos bem remunerados, a fim de reproduzir as mesmas emoções com seu cônjuge. Se sua mãe sempre esteve preocupada com a escassez e seu pai gastou a maior parte de seu dinheiro em futilidades, você pode se sentir subconscientemente atraído pelos mesmos padrões de comportamento de um parceiro e desperdiçar seu dinheiro com coisas de que não precisa — como seu pai — para ficar tão preocupado no final do mês quanto sua mãe.

Uma grande quantidade de nossos hábitos vem de padrões emocionais e crenças inter-relacionadas, profundamente enraizadas em nossa mente subconsciente. Para mudá-las, precisamos repensar nossa identidade — a personalidade que estamos acostumados a sentir e representar para os outros. Seria como fazer uma cirurgia plástica e, em seguida, ter que encarar nossos parentes, amigos e colegas de trabalho com uma cara completamente nova, que de forma alguma se assemelha à anterior ou à deles.

Se você quiser ser mais drástico com relação a esse impacto ou qualquer outra mudança importante, considere como as pessoas seriam afetadas mentalmente se você decidisse mudar de sexo. Porque, veja bem, uma mudança de gênero não afetará as pessoas ao seu redor tanto como o se tornar bem mais rico do que antes.

DAN DESMARQUES

Tornar-se mais rico é como chegar a um ponto em que os outros só podem ver uma sombra do seu eu anterior, uma sombra que cobre sua mentalidade egoísta e os faz olhar para si mesmos de uma perspectiva inferior em comparação à sua. E o ciúme é uma resposta muito poderosa, primitiva, mas também instintiva, às mudanças sociais. Quanto maior a diferença de tais mudanças, mais você despertará o ódio, o medo e o ressentimento em relação a você. Como resultado, vai acabar atraindo também animosidade e críticas.

Sempre que mudar, precisa estar preparado para os ajustes em suas interações sociais, pois elas acontecerão, mesmo contra a sua vontade. Esses ajustes forçarão você a se questionar, vão atrasar qualquer realização e, se você permitir, podem sabotar seu potencial para o sucesso.

Por que Precisamos Fazer Sacrifícios?

Uma das coisas mais interessantes que as pessoas fazem, sempre que percebem que você está mudando diante dos olhos delas, é fazer você duvidar do seu próprio potencial para alcançar seus sonhos, enfatizando a importância de suas fraquezas e antecedentes, como se estivessem reforçando seu potencial para falhar.

Tudo vale quando alguém está tentando quebrá-lo, especialmente quando têm medo de perdê-lo ou têm algo a ganhar com isso. Uma de minhas ex-namoradas, por exemplo, usou o racismo, minha nacionalidade, e até o nível médio de inteligência de minha família, para me impedir de me tornar um autor de sucesso. Fui forçado a terminar o relacionamento com ela, juntamente com a possibilidade de qualquer casamento, e mudar de país, porque não havia outra maneira de ter sucesso com essa pessoa na minha vida, cantando os mesmos mantras todos os dias. Era como viver com uma doença.

Muitos dos meus amigos usaram fatos materialistas, tais como, meus baixos rendimentos no início, para me fazer acreditar que não poderia transformar isso em mil vezes mais. Mas se você mora na Europa, mesmo o olhar ressentido de turistas e moradores locais o fará questionar a legalidade, normalidade e validade do que você faz. Porque, certamente, uma vez que eles percebem que você não tem e não precisa de um emprego, e pode sentar em frente a um laptop na praia, bebendo suco de laranja sempre que quiser, a sensação de injustiça desperta neles. Até me lembro de uma garota norte-americana me dizendo na academia: "Você nunca deve dizer a ninguém que não tem emprego".

Ela estava certa, porque toda vez que eu dizia a qualquer outra garota em Espanha que sou escritor, ela me evitava. Algumas, na Lituânia, até me diziam: "Eu não pararia de namorar você, mesmo que você fizesse algo ilegal, como vender drogas".

De um jeito ou de outro, eu era percebido como anormal. E os humanos sempre correlacionam o que é anormal com ilegal ou perigoso.

DAN DESMARQUES

Quando finalmente tive uma namorada lituana, foram seus familiares e amigos que começaram a me insultar. O primeiro a se ressentir do meu status social foi o patético irmão dela, que apesar de ser um profissional de TI, não sabia trabalhar sozinho. "Seu namorado é um traficante importante disfarçado, pois ninguém pode ganhar dinheiro com livros", disse ele uma vez na mesa de jantar.

Você ficará surpreso ao ver como muitas pessoas são estúpidas, apesar de em alguns casos, parecerem inteligentes; e como podem ser insultantes, devido ao simples fato de serem ignorantes sobre o mundo inteiro e sua mecânica.

Essa é uma das muitas razões pelas quais tantos segredos são mantidos ocultos das massas, a maioria dos quais à vista de todos, através de alegorias, símbolos e descrições metafísicas que, simplesmente, não são acessíveis às mentes despreparadas da maioria. Ao se ocultar a verdade com abstrações e complexidades, as massas foram mantidas no escuro por milhares de anos. Pois, caso contrário, o impacto autodestrutivo de suas ações seria muito maior do que o insulto comum a pessoas que sabem muito mais sobre o mundo.

É quando você não pode manter ou obter um novo relacionamento, ou mesmo uma amizade, quando todo mundo te odeia por ser melhor do que os outros, quando até os locais olham para você e falam com você como se fosse um criminoso, um pária, e você passa grande parte do seu tempo sozinho ou sendo invalidado em conversas desajeitadas — que começam com perguntas aleatórias e terminam com você, basicamente, tentando provar por que merece estar vivo — que começa a questionar seriamente a validade de seus sonhos. E, no entanto, à medida que você avança e se distingue da mentalidade das massas, também atrairá naturalmente mais situações, mais pessoas, que experimentam o mesmo que você e pensam como você.

O sistema apresentado aqui não é milagroso, pois pretende simplesmente acelerar esse processo.

Por que as Pessoas Ricas Pensam de Maneira Diferente?

As únicas situações em que você pode ser respeitado por seu sucesso, por aqueles que têm uma mentalidade de ovelha e uma mentalidade autodestrutiva que opera por padrão, são em um palco, na televisão ou quando uma arma está apontando para a cabeça deles. É por isso que o respeito é atribuído ao medo ou à fama. E é por isso que confundo as pessoas, pois não me autopromovo e não estou associado a atividades criminosas. E, no entanto, sempre imaginam algo em conformidade, para justificar sua ignorância e predisposição emocional aos estados mentais que mencionei.

Não importa quantos livros tenha consigo colocar nas listas dos mais vendidos, porque somente quando coloco uma foto minha conversando com uma multidão, recebo a apreciação de leitores ou amigos. Da mesma forma, não importa quantos prêmios recebi como músico, porque sou elogiado e admirado apenas quando exponho vídeos de mim mesmo tocando em público para uma multidão de milhares de pessoas.

A grande maioria dos seres humanos, independentemente do nível de educação ou status socioeconômico que possuem, respeita apenas o medo (isto é, ameaças à sua sobrevivência física) e o poder (isto é, intimidação e influência social). E não há nada que você possa fazer para mudar isso, pois eles estão, em vários graus, conectados a uma mentalidade de "predador ou presa".

Nesse sentido, você não pode ser rico se não conseguir manter uma personalidade que combine com isso; uma que, basicamente, está constantemente em guerra com o mundo exterior. E é por isso que estudos, como os realizados pelo professor Peter Belmi, da Universidade da Virgínia, provaram que as pessoas nascidas em classes sociais mais altas são mais confiantes e têm "uma crença exagerada" de que terão melhor desempenho do que outras, em oposição às das classes mais baixas.

DAN DESMARQUES

Esse excesso de confiança, naturalmente, exige uma certa dose de assertividade que requer treinamento, porque as massas temem o excesso de confiança. É por isso que sou parado e examinado cuidadosamente em todos os aeroportos por onde passo, por nenhuma outra razão senão, segundo os próprios seguranças, "parecer suspeito", o que quer que isso significa para eles.

Uma vez fui abordado por três seguranças na Lituânia, que exigiram ver meu passaporte, porque, segundo eles, eu estava lá "lendo um livro por três horas durante um dia da semana em um café público, e isso é muito estranho e suspeito."

É incrível como alguns filmes são precisos sobre a nossa realidade, porque, de fato, como se disse no filme Matrix, "Você precisa entender que a maioria das pessoas não está pronta para ser desconectada. E muitas estão tão irremediavelmente dependentes do sistema, que lutam para protegê-lo".

Em outras palavras, se você não gosta do sistema e tenta escapar dele, você se torna uma ameaça ao próprio sistema e a todos os outros que precisam dele para sobreviver. Suas mudanças representam literalmente uma ameaça à existência deles. É por isso que agem de maneiras estranhas e dizem as coisas mais inacreditáveis, mesmo quando são completamente estranhos para você. As pessoas literalmente cometerão crimes e abusarão do sistema legal para provar que você é um criminoso.

É assim que a grande maioria prova ser ignorante de sua própria ignorância. Eles vivem em um mundo muito pequeno. Não é o mundo real, mas aquele em que eles escolheram acreditar e morrer; e eles não o respeitarão por escapar desse mundo.

Uma das minhas ex-namoradas costumava me dizer que, se eu fosse famoso, seria muito mais rico, porque ela realmente acreditava na correlação entre influência social e dinheiro, e não percebia o quão famoso eu já sou com meu trabalho. Ela também não sabe que a influência social não está relacionada ao dinheiro, mas às percepções.

A verdade é que sou extremamente famoso há muitos anos, mas não me exponho abertamente, pois sempre que fiz isso, o que realmente obtive não foi mais lucro, mas mais ameaças e tentativas de remover meus livros do mercado. E isso, pelas razões expostas aqui. Quanto mais impacto você tiver, mais assustadas as pessoas vão ficar.

Por que você precisa mudar sozinho?

O fenômeno que uma mudança drástica representa é tão interessante que, a primeira vez que o criei, foi quando tinha apenas dezasseis anos e por acidente. Eu era um mau aluno até aquele momento, sofrendo com o que agora é considerado hiperatividade; além disso, tinha uma memória horrível que não me permitia lembrar de nada do que lia ou escutava. Minha mãe até assumiu que eu provavelmente era autista.

Eu parecia destinado a um futuro miserável, e meus pais continuaram me lembrando de tal destino, dizendo-me que perdedor eu era. Mas, de alguma forma, orei a Deus por ajuda e as respostas chegaram a mim, na forma de orientação intuitiva.

Eu segui essa voz interior e fiz coisas que nunca considerei antes, pois nunca tinha visto alguém fazendo isso de qualquer maneira. E incluía procurar manuais escolares diferentes para compará-los, incluindo os que ainda eram de propriedade de meu avô e que ele próprio usava quando era estudante.

Também comecei a ler enciclopédias de psicologia ao mesmo tempo. Devoraria qualquer coisa relacionada à mente, inteligência, emoções e aprendizado.

Por que fiz isso, não sei realmente explicar, pois ainda era adolescente, e estava simplesmente sendo guiado por essa voz espiritual interior. Tal voz me dizia primeiro para estudar na biblioteca, em vez de levar os manuais para casa, e então, enquanto eu estava lendo, me instruía, dizendo: "Vá ver se há um livro que você gostaria de ler por diversão". E, enquanto eu passava pelas diferentes estantes de livros, essa voz me parava com um "Aqui". Depois, eu olhava para a prateleira à minha frente para saber por quê, e era aí que eu via livros com as respostas exatas de que precisava.

Eu estava tão apaixonado pelo conhecimento que devorei tudo o que pude encontrar do que estava sendo apresentado a mim. E logo depois comecei a aplicar as técnicas aprendidas nesses livros.

Deixei de ser o pior aluno de toda a escola, muitas vezes percebido como retardado, até mesmo pelos meus pais, para ser o melhor. Em apenas alguns meses, eu superaria todos os melhores alunos. E essa experiência foi tão surpreendente para meus professores que eles se recusaram a acreditar. Muitas vezes repetiam os exames porque achavam que os resultados não eram "justos". Pois eu estava vencendo todos os melhores alunos.

Muitos professores prestaram muita atenção em mim, procurando um método extraordinário de trapaça que era impossível de detectar. Muitos deles literalmente ficavam ao meu lado durante os exames, ignorando o resto da classe, para me observar por uma hora inteira sem tirar os olhos das minhas mãos. Eles ficavam surpresos e se recusavam a acreditar no que estava acontecendo diante deles.

Essa situação se repetiu mais tarde na minha vida, quando os membros da família começaram a suspeitar que eu estava envolvido em atividades criminosas na China, pois estava viajando pelo mundo sem emprego fixo, enquanto trabalhava por um salário mínimo como professor e de vez em quando.

Depois de me tornar o melhor aluno no ensino médio, muitos dos meus amigos anteriores se ressentiram e pararam de falar comigo. De alguma forma, parei de pertencer ao seu "círculo de ignorância" e os fiz sentir mal consigo mesmos. Quanto mais eu tentava me explicar, compartilhando minhas técnicas, pior era. Eles se recusaram a acreditar no trabalho árduo que eu estava dedicando a aprender com diferentes livros e na grande quantidade de horas que eu gastava para adquirir conhecimento, acordando às 4 da manhã, muitas horas antes de ir para a escola, para estudar, ou no fato de que estava passando fins de semana inteiros fazendo o mesmo.

Eles se recusaram a acreditar porque, para acreditarem, isso implicava aceitar sua própria responsabilidade por seu próprio destino, e isso é algo que a maioria das pessoas não pode aceitar em qualquer estágio de sua vida. Até perdi muitos amigos nos últimos anos, dizendo-lhes as respostas que seus psicólogos não poderiam ou de alguma forma nunca dariam.

Simplesmente, as pessoas querem ser aceitas, não alteradas.

Por que os Fatos não Importam?

Os resultados do meu teste de QI, apresentados pela psicóloga da escola, provaram que eu era estúpido, mas isso não me impediu de nada, e também não me importava mais naquele momento. E, no entanto, curiosamente, impediu aqueles que se consideravam mais espertos que eu, de seguir meus ensinamentos e conclusões de pesquisa. Muitos continuavam acreditando que eu tinha sorte ou trapaça.

Essa situação também se repetiria mais tarde na minha vida adulta, pois muitas pessoas não acham que deveriam aprender comigo porque eu não dirijo Lamborghinis e não sou dono das mansões que consideram justificativas para escutar alguém.

No entanto, perder amizades não era pior do que ser insultado em casa. Meus pais passaram de "ter um filho idiota" a "ter um filho idiota que agora estava agindo como um adolescente autista, se fechando no quarto e lendo livros sozinho, como alguns psicopatas de filmes de terror".

Foi nesse momento que minha mãe ficou tão paranóica — principalmente ao ver a quantidade de anotações que eu escrevia, com base em observações e pesquisas pessoais — que decidiu contratar um psiquiatra e, mais tarde, psicóloga, para me avaliar.

Como acredito agora, é aqui que uma ruptura entre o passado e o futuro se mostra, porque quanto mais meus pais tentavam me impedir de mudar, mais a vida deles mudava para pior. Minha mãe acabou encontrando com um amigo de infância que estava se divorciando, se apaixonou por ele novamente e largou meu pai, que em sua solidão e desespero começou a namorar outra pessoa, e me deixou sozinho.

A janela de oportunidade aumentou e nunca mais falei com eles. Tive que passar por um período difícil de solidão e até viver como um adolescente sem-teto, mas acho que me tornei inteligente demais naquele ponto para fracassar novamente, pois até os psicólogos e psiquiatras que encontrei me apoiaram e me ajudaram a alcançar meus objetivos , apesar do que minha mãe lhes diria para me fazer parecer psicopata.

Você não pode vencer a ciência com opiniões, e todos os exames cerebrais e de personalidade que fiz provaram que era mais saudável do que a maioria das pessoas que fazia os mesmos testes. Nenhum médico ou terapeuta poderia negar esses fatos.

O engraçado é que, se eu tivesse feito os mesmos testes dez anos antes, provavelmente provariam que minha mãe estava certa. Pois não apenas mudei meu nível de inteligência, mas também todo o meu DNA no processo, com técnicas que estava pesquisando sobre espiritualidade.

Se eu tivesse me concentrado nos fatos, não teria realizado o impossível.

Por que Nada é Impossível?

As histórias do meu passado acabariam se repetindo mais tarde na minha vida, quando qualquer mulher que tentasse me impedir de escrever livros e obter mais dinheiro, de alguma forma encontraria um homem que a enganou e convenceu a me deixar. Graças a isso, elas foram removidas da minha realidade e acabei em situações melhores do que aquilo que estava considerando possível antes de partirem.

Devido à minha determinação, sempre me tornei mais rico, e todas as barreiras, de alguma forma, continuavam sendo removidas do meu caminho. Sempre que me sentia preso, sem esperança ou oportunidades, apenas aumentava meu foco em Deus, e o impossível era tornado possível perante qualquer pessoa que não pudesse acreditar nisso.

Essas mudanças nunca se manifestariam se eu tivesse permitido que minhas emoções me controlassem. Mas não posso dizer que não seja extremamente doloroso aceitar essas mudanças dentro de nós. O que realmente estou dizendo é que, as mudanças mais importantes, dolorosas e drásticas em nossa vida, sempre ocorrem dentro de nós. Você tem que estar disposto a amar e deixar partir, se apegar e desapegar, aceitar e desistir, aprender e desaprender, e até a ajudar aqueles que podem traí-lo. Não há outro caminho.

Você fica mais forte com essas experiências. Até as experiências mais caóticas e os mais malignos dos seres humanos o forçam a remover os medos mais profundos em seu coração. E quais são esses? Eles são o medo da humilhação, traição, pobreza, solidão e abandono. Depois de conquistá-los, nada mais o assustará. Mas você não saberá o quão forte você é até enfrentá-los.

Boas pessoas nunca o colocarão em tal desespero. É por isso que o mal é sempre um mal necessário.

Se você olhar para qualquer mal ou barreira como um teste à sua fé e autoconfiança, nada poderá impedi-lo. E isso, porque qualquer coisa neste mundo, incluindo as experiências que você encontra, são ilusões para testar sua fé.

Por que o Tempo é Relativo?

A quantidade de tempo necessário para ver oportunidades que não estavam disponíveis anteriormente para você depende de muitos fatores. E você nunca muda tanto quanto os outros mudam em sua direção. Apenas considere que é tão fácil passar da sua realidade atual para uma nova, quanto enganar alguém que não quer que isso aconteça, deixando-o sozinho e permitindo que você tenha sucesso, especialmente quando essa pessoa pensa que ela está fazendo o oposto.

Certamente, uma mulher que trai o parceiro, que está tentando ser rico, deixando-o por um homem mais rico, acredita que está conseguindo ir para melhor; mas apenas até que o novo homem a abandone, e ela perceba que é tarde demais para voltar ao homem anterior, que agora está muito mais rico do que antes. E isso, graças ao fato de que ela o deixou por tempo suficiente para que ele cumprisse seus objetivos.

Nunca sabemos como uma situação leva a outra, até olharmos para trás e vermos todos os padrões se combinando num caos. A maioria de nossas decisões nunca é verdadeiramente nossa, mas surge dentro de um certo paradigma, pois alcançamos nossos objetivos se nos mantivermos focados no que realmente queremos.

O exemplo mencionado anteriormente veio da minha própria vida e ocorreu duas vezes, pelo que só posso agradecer às duas mulheres que trapacearam quando mais precisei de apoio emocional. Ao se afastarem da minha vida, me forçaram a mudar dessa carência emocional para uma autoconfiança mais forte e uma fé mais elevada em Deus. Se não tivessem feito isso, provavelmente me casaria com elas e nunca alcançaria meus objetivos.

Pelo que entendi, através de diferentes lutas e momentos de desespero, você realmente não precisa de tempo, nem de grandes quantias de dinheiro, para tomar decisões importantes. O que você precisa é da oportunidade exata, no momento certo, e de dinheiro suficiente para aproveitá-la, e que pode chegar até você de maneiras inesperadas, se você ainda não o tem.

O medo nunca é uma opção, pois Deus sabe o que o espera, quando você é capaz de atravessar o muro de inseguranças e abraçar as oportunidades que lhe são dadas para realizar o seu melhor. Por esse motivo, não tenho mais medo de tomar decisões difíceis. O que eu temo é a falta de fé nos outros. Sempre que me associo a uma pessoa sem fé, nos negócios ou num relacionamento, é mais provável que falhe por associação.

A maioria das pessoas não apenas tem falta de fé, mas também um entendimento básico de si mesmas e de sua capacidade para mudar. Tendem a se superestimar demais, subestimando os outros, principalmente, quando se sentem com direito a grandes quantias de dinheiro. Francamente, a maioria das pessoas que encontrei durante toda a minha vida, nem merece o emprego que tem, muito menos o salário. O fato de acharem que tenho sorte, por não precisar de emprego, prova meu argumento. Pois a sorte é criada e merecida.

Por que 21 Dias Não é Suficiente?

Muitas experiências levaram as pessoas a acreditar que 15 a 21 dias era o período necessário para uma mudança de hábitos. Esse, no entanto, é apenas o ponto de partida de qualquer mudança.

Essa crença surgiu de certas experiências em medicina e cirurgia plástica. Maxwell Maltz, um cirurgião plástico nos anos 50, começou a perceber um padrão estranho entre seus pacientes. Quando realizava uma operação — como uma plástica no nariz, por exemplo — descobriu que o paciente levaria cerca de 21 dias para se acostumar a ver seu novo rosto. Da mesma forma, quando um paciente teve um braço ou uma perna amputada, notou que o paciente sentiria um membro fantasma por cerca de 21 dias antes de se ajustar à sua nova situação. E essas experiências levaram Maltz a pensar em seu próprio período de adaptação a mudanças e novos comportamentos, pois entendeu que também levava cerca de 21 dias para formar um novo hábito.

Maltz então escreveu sobre essas experiências e disse: "Esses e muitos outros fenômenos comumente observados tendem a mostrar que são necessários no mínimo cerca de 21 dias para que uma imagem mental antiga se dissolva e uma nova seja cristalizada".

Nas décadas que se seguiram, os resultados de Maltz influenciaram quase todos os principais autores e gurus de "autoajuda", mas estes esqueceram que ele declarou "um mínimo de cerca de 21 dias" e não que "são necessários 21 dias para formar um novo hábito"; e foi assim que o mito dos 21 a 30 dias começou.

O tempo necessário para a formação de um novo hábito pode variar, dependendo do tipo de mudança necessária e das circunstâncias em torno da pessoa, como mencionado anteriormente. É por isso que muitos outros estudos nos mostram que pode levar de 18 a 254 dias para as pessoas formarem um novo hábito.

Para ser mais realista, dependendo dos seus esforços e do hábito que você deseja mudar, pode levar de dois a oito meses para criar um novo padrão de comportamentos, e não apenas 15, 21 ou até 30 dias. Portanto, embora 21 dias sejam o mínimo e 66 dias sejam a média, não sabemos realmente e não podemos concluir com precisão, de todos os experimentos realizados, quanto tempo leva para uma pessoa em particular mudar um hábito. O que sabemos é que você precisa, provavelmente, 66 dias, para alterar os padrões mentais e se adaptar a uma nova versão de si mesmo que garanta melhores resultados na vida.

Dito isto, o que este livro propõe a você é a responsabilidade de cuidar de sua mente com um caminho específico que deve seguir por pelo menos 66 dias no mínimo, a fim de testemunhar as mudanças que ocorrem. Mas, naturalmente, quanto mais tempo você aplicar, melhor será para você.

Não há efeito contrário aqui, e nunca pode aplicar estas técnicas por tempo demais. Existem apenas resultados positivos a serem extraídos do processo.

Como o dinheiro está relacionado aos seus objetivos na vida, sua personalidade, sua saúde, sua vida social e tudo o mais que pode ser relacionado a ele, tudo isso mudará no processo. Sua vida, de um modo geral, ficará melhor.

Por que Sua Vida Social Será Afetada?

Desde que comecei a aplicar o sistema descrito aqui, muitas pessoas que considerava boas amigas começaram a me insultar sem motivo aparente. Na verdade, é muito intrigante testemunhar como, aqueles que têm uma mentalidade ruim ou querem vê-lo pobre — por vezes, apenas porque pensam que as pessoas ricas são más (e muitas pessoas que conheci pensam que sou mau por nenhuma outra razão que minha capacidade para atrair dinheiro facilmente) — quando você trabalha em si mesmo, começam a insultá-lo e, basicamente, "explodindo granadas emocionais", facilitando o desapego delas, pois elas próprias fazem todo o trabalho de se separar de sua realidade.

Você então se dá conta de outras pessoas aparecendo em sua vida. Por exemplo, uma garota que conheci há três anos, começou a me enviar grandes textos e conversando comigo sobre vários tópicos quando comecei a aplicar este sistema, e do nada. Ela é de uma família muito rica. Mas o mais interessante é que uma de suas amigas, que também é de uma família rica, foi a única que demonstrou interesse em mim entre todas as mulheres que encontrei nos últimos meses, e depois que minha ex-namorada decidiu se retirar da minha vida, associando-se a amigos que são pobres e estavam destruindo o relacionamento. Ela escolheu terminar o relacionamento em vez dessas amizades e, ao fazê-lo, redesenhou seu destino, enquanto abriu espaço na minha vida para alguém melhor aparecer. Ela se mudou para um quarto minúsculo, dividindo a casa com outras três pessoas, e eu decidi viajar pelo mundo sozinho e aproveitar a vida sozinho. Eu poderia estar apreciando a vida com ela ao meu lado, mas ela fez sua escolha com muita clareza, quando logo depois se mudou para um novo relacionamento, mesmo que não durasse muito tempo. Mas as pessoas pobres sempre tomam decisões ruins.

Esse tipo de coincidência nos mostra como a lei da atração está sempre operando à nossa frente e através de nós. É com tais eventos, para o bem ou para o mal, que você verá quais teorias são baseadas em fatos e, portanto, aplicáveis.

DAN DESMARQUES

É por isso que, para mim, a própria vida é o meu laboratório. Eu sei que meu conhecimento é real porque o vivo. E não faria sentido para mim se não fosse assim, ou se meus leitores não tivessem me mostrado isso, com sua própria experiência de vida.

A maioria das pessoas que encontro subestima seriamente o poder do meu conhecimento, e é por isso que devo lhe dizer que grande parte dos meus leitores são médicos, membros de sociedades secretas ou ambos. Esse padrão foi uma surpresa para mim tanto quanto para qualquer outra pessoa, mas é realmente uma constante, mesmo que pensasse que estava escrevendo para pessoas comuns. A verdade é que as pessoas comuns nunca verão ou entenderão estas informações. É tudo muito complexo e distante demais de sua mente limitada.

Veja bem, mesmo que o nível do meu trabalho seja mantido simples e direto, as massas realmente não entendem a complexidade das explicações e nem possuem a vontade de ir tão longe quanto a transformar seu destino da maneira proposta aqui. Você precisa ser diferente, de uma maneira muito especial, para estar disposto a ir tão longe.

As mudanças são possíveis, mas levando em consideração que a mulher no meu exemplo viveu comigo por três anos, devo dizer-lhe que a estupidez é uma característica que pode durar para sempre, independentemente das circunstâncias ou oportunidades apresentadas. Se ela estivesse morando junto de Deus, ainda estaria desperdiçando seu tempo.

Muitas pessoas estão vivas, mas muito poucas compreendem o significado da vida.

Por que a Religião é Enganosa?

Tenho amigos em muitos grupos religiosos, e sempre tive, mas as Testemunhas de Jeová são realmente as mais prejudiciais, entre os que encontrei. Parecem muito amigáveis, até que surge a oportunidade de desencadear um monte de imbecilidade e do nada, como se estivessem se alimentando das crenças expressas antes que isso aconteça.

O último que conheci, por exemplo, primeiro me pediu meu último livro e depois disse que queria falar comigo. Ele fez, como muitos outros, uma espécie de "emboscada no meu cérebro". Começou me insultando pelo livro, dizendo que combinava muitos tópicos — o que é outra maneira de dizer que é burro demais para entender a relação de todos os temas mencionados — como se dissesse que não sei do que estou falando. Ele então me perguntou se tenho amigos ricos, mais uma vez, tentando provar que sou ignorante demais e invento coisas, ao que respondi: "Não tenho, não agora, pelo menos."

Ele riu dessa resposta. E bem, sim, não conheço ninguém rico agora, porque estou sempre trabalhando e não estou investigando quanto dinheiro meus amigos realmente têm. Tenho muitos amigos que são proprietários de empresas, médicos e engenheiros de sucesso, ou que simplesmente nasceram em famílias ricas, mas se eles próprios são ricos ou pobres, eu realmente não sei, não tenho acesso à conta bancária deles e também não estou tentando saber.

A riqueza não é medida dessa maneira, e não existe um número concreto para a riqueza. Além disso, também não é algo que mude minha perspectiva dos outros. Costumo atrair as pessoas mais ricas para a minha vida, porque os mais pobres não se identificam com o que digo e geralmente insultam minhas palavras. É por isso que a maioria dos meus amigos, onde quer que vá no mundo, seja nos Estados Unidos, Índia, China ou União Européia, são proprietários de empresas. Eles se sentem atraídos a conversar comigo e a passar um tempo comigo, e me admiram e me respeitam, e querem aprender comigo. Eles geralmente ouvem minhas recomendações sobre como melhorar seus negócios e também pedem isso especificamente.

Por que eles fazem isso? Porque eles vêem em mim algo que, claramente, os idiotas e os pobres, e aqueles que estão destinados ao fracasso, não podem ver. Mas isso é uma coincidência criada por minha própria mentalidade. E, portanto, não é tão importante dizer que tenho amigos ricos, como dizer que tenho uma mentalidade rica, que vibra na mesma frequência de pessoas com uma mentalidade semelhante.

Agora, qualquer que fosse a intenção dele, devido ao meu respeito por ele, não estava vendo para onde estava indo, apesar do fato de estar sendo desrespeitoso com o meu trabalho. Mas ele continuou, usando a Bíblia para me provar que Deus não gosta dos ricos. E esse é um mal-entendido comum, provado errado por vários estudiosos famosos.

Dito isto, naquele momento, eu o confrontei com sua ignorância, perguntando: "O que você realmente está tentando dizer?"

Foi quando ele disse que trabalho demais e o dinheiro não é tão importante quanto eu acredito. E não gosto de insultar as pessoas, mas a estupidez delas costuma ser muito ofensiva para mim, porque — e aí vem o paradoxo — ele estava me ligando on-line de um quarto na Ucrânia que estava compartilhando com outros seis homens.

Tendo em consideração que ele é proprietário de uma empresa, e me disse muitas vezes que seus parceiros o traíram e até roubaram, e que ele também tem mais de 40 anos e é solteiro, era uma crença muito forte para alguém que, simplesmente, é um completo perdedor na vida.

Aqui temos um empresário pobre, com excesso de peso e solteiro do México, me dizendo que o dinheiro não é importante, de um quarto compartilhado com outros seis homens, e surpreso com o fato de que nenhuma mulher de sua religião quer ficar com ele, não importando quantas vezes por dia ele ore por isso, ou quantos países visite todos os anos para encontrar uma com quem se casar.

66 DIAS PARA MUDAR SUA VIDA

Esse homem tem vivido em quartos compartilhados em toda a Europa, Rússia, Oriente Médio e Norte de África, nos últimos anos, e não parece ser capaz de melhorar suas finanças ou encontrar uma mulher para casar, mas insiste em suas crenças. E pior do que isso, quer que eu acredite também, para que talvez ele possa ter mais pessoas compartilhando sua miséria.

Na última vez que visitei a Ucrânia, aluguei um apartamento inteiro para mim e paguei dois durante quase dois meses, considerando o que deixei vazio em outro país. Também conheci várias mulheres atraentes e inteligentes que estavam interessadas em estar comigo, apenas para sexo ou casamento, enquanto tinha outras interessadas no mesmo em outros países, e muitas das quais estavam em contato comigo da Ásia e América do Norte. É assim que meu magnetismo se mostra poderoso. Mas ele ousa me dizer que estou errado e que meus livros não têm significado ou propósito específico.

Há uma citação bíblica dirigida a pessoas como ele, que diz o seguinte: "Não dê o que é sagrado para os cães, nem lance suas pérolas aos porcos, para que não as pisem sob seus pés." (Mateus 7:6).

Eu entendo que as pessoas querem economizar dinheiro. E devem fazer isso o máximo possível. Mas morar em um quarto compartilhado com outros seis homens por quase um ano e dizer a outra pessoa que dinheiro não é importante, não é um comportamento honesto, muito menos moral ou espiritual. E assim, em vez de insultá-lo, encerrei a conversa perguntando de volta: "Você pode me ensinar como pedir ao seu Deus que pague meu aluguel?"

Foi o suficiente para ele desistir, como o perdedor fraco, ignorante e patético que ele é, e nunca mais entrar em contato comigo. Mas, apesar disso, continuou acreditando que estava certo, e apesar de todas as evidências em sua própria vida de que não estava.

A maioria das pessoas falha em entender que a religião é criada para entender Deus, e não para que Deus se encaixe entre eles. A Verdade Universal não depende da fé para existir e não está vinculada a uma religião em particular. E, se Deus envia alguém como eu para a Terra, e sou ignorado, porque não lidero uma religião ou não aceito a religião de outras pessoas, isso é um insulto ao próprio Deus, e nenhuma religião pode proteger os ignorantes das consequências de sua falta de humildade.

Esse homem continuou acreditando que estava certo e nunca reconheceu que não estava, nem se desculpou por sua estupidez, mas continuou me enviando mensagens às quais parei de responder.

Pessoalmente, só podia me surpreender com a rapidez com que minhas técnicas para remover barreiras ao dinheiro estavam funcionando, pois acabara de fazer alguém —que eu acreditava ser um amigo honesto — se remover a si mesmo e a sua mentalidade de pobreza da minha vida, e sem muito esforço.

Por que Deus Pune o Estúpido?

Há pouco tempo, tive outra discordância com o mesmo cristão, porque ele disse que Deus não castiga as pessoas. Eu queria dizer a ele que Deus o está punindo por ser estúpido. Mas, muitas vezes, por não insultar, acabei testemunhando pessoas fazendo demonstrações piores de arrogância do que esperava. E bem, não surpreendentemente, ele também me chamou de arrogante, o que acho interessante, pois as pessoas tendem a refletir o que vêem nos outros. E, no entanto, ele fez isso indiretamente, perguntando: "O que você sentiria se dissesse que é arrogante?"

Eu respondi que, "Eu sentiria que você não me conhece o suficiente".

Ele riu.

Aqui temos um empresário sul-americano, tentando economizar dinheiro, morando na Ucrânia e viajando pelo mundo, da Europa à Rússia, incluindo o norte da África, para encontrar uma esposa, e mesmo as mulheres de sua congregação não o querem, porque, em geral, as mulheres não gostam de homens sem dinheiro. E, no entanto, ele está me dizendo, de seu pequeno quarto, compartilhado com outros seis homens, que dinheiro não é importante e sou eu quem é arrogante e iludido.

Este exemplo também prova muitas outras coisas, a saber, que a lei da atração funciona sem muito esforço. Porque, veja bem, já fui insultado tantas vezes, apesar dos que me insultaram saberem da quantidade de livros que escrevi, que nem me importo mais.

Como percebi, essas pessoas estão em transe e, quando confrontadas, sempre fogem como crianças assustadas. Mas, é realmente interessante observar como a religião se manifesta em suas vidas. Pois aqui temos um homem sendo punido por ser estúpido, e sem entender por que suas orações não funcionam. E realmente funcionam, mas Deus não se mostra em meio à ignorância camuflada pela arrogância. Esse cristão é o verdadeiro arrogante.

DAN DESMARQUES

Eu poderia traçar um paralelo a essa história com as muitas pessoas que querem que negue o que escrevo, para concordar com elas, como se o que escrevi tivesse sido inventado. Na verdade, gostaria de ter mais tempo para ler, mas não tenho muito mais para aprender ou escrever; não por arrogância, mas simplesmente porque não estou mais surpreso com o que aprendo. É por isso que tendo a avançar para tópicos de maior complexidade.

No entanto, meus livros mais recentes estão tendo muito mais páginas do que os anteriores, por causa de todas essas histórias. Toda vez que alguém me insulta, basicamente levo a experiência para um livro, para explicar minha perspectiva de uma maneira mais realista.

A parte mais triste para mim, pessoalmente, é que, embora possa entender os insultos de alguém que acabei de conhecer, é muito decepcionante ser insultado por alguém que conheço há anos ou que pelo menos conversou comigo muitas vezes sobre muitos tópicos, o suficiente para justificar algum respeito. Eles me fazem sentir como se não estivessem realmente falando comigo, mas sua versão imaginária de mim dentro de sua própria cabeça.

Foi por causa deles que percebi a necessidade de remover barreiras ao dinheiro da minha mente, pois certamente esses paradigmas os atraem para mim. Eles são a prova viva de que tenho tais barreiras, caso contrário nem os encontraria.

As pessoas só são atraídas por nós através da familiaridade de padrões dentro de nossa mente, que depois refletem em nosso campo de energia. E o que as outras pessoas pensam de nós afeta nossos resultados. Primeiro, porque geralmente não nos mostram o que pensam, e segundo, porque insistem em nos mudar com táticas cruéis como as mencionadas, apenas para provar que estão certas e que estamos errados.

Apesar desses fatos, os membros de grupos religiosos tendem a esquecer que o objetivo da religião é buscar a Deus e não forçar Deus a procurá-los e aprová-los. Sempre que a lei divina é violada, Deus abandona quem procede com essa violação.

Como Pode Evitar a Ignorância em Massa?

É realmente inacreditável quando nada nos concede respeito. Quero dizer, não importa quantas pessoas leem meus livros, não importa se são na maioria médicos ou seguidores de religiões diferentes, mas importantes, não importa se eu era professor universitário no passado e durante muitos anos, ou mesmo se escrevi livros baseados em minha própria pesquisa e nas pesquisas de outras pessoas; nada realmente importa para alguém que criou uma imagem mental prefixada em sua cabeça e age de acordo; uma imagem do que represento para ele; e depois se recusa a mudar, mas quer me forçar a igualar tal imagem.

Não há nada mais arrogante, infantil e psicopata do que forçar os outros a encaixar em nossa versão da realidade e a que temos deles. É exatamente isso que separa uma religião de um culto perigoso, governado por abusos narcisistas.

A razão pela qual esses grupos de loucura em massa atraem tantos seguidores — oito milhões no momento atual — é porque, de um modo geral, as pessoas realmente acreditam que o que reside em sua mente, sobre os outros ou a própria realidade, é a verdade, e portanto, desconsideram completamente fatos e observações. É uma forma de retardo mental, embora possamos atribuir a isso termos mais amigáveis, como falta de consciência.

Não me considero uma pessoa rude, ou mesmo mau, e muito menos arrogante, pois compartilho tudo o que sei com o resto da humanidade e faço o possível para estar em boas relações com todos que conheço, mas é realmente difícil lidar com tanta estupidez. É ainda mais difícil quando você encontra imbecilidade em um grande grupo. Você não pode lutar contra a imbecilidade manifestada em uma escala tão grande.

A mentalidade do grupo convence a todos de que eles estão certos e que discordar significa estar errado. É quando a "versão de Deus" ou da "realidade" que possuem acaba sendo mais real para eles do que a "própria realidade" ou a verdade. Muitas vezes, a verdade é negada para corresponder à mentalidade do grupo.

DAN DESMARQUES

A maioria das pessoas está em estado de transe, como se estivesse morta; não estão verdadeiramente vivos. Eles não vêem o que estão fazendo. Eles são cegos para o mundo em que vivem, o qual acaba se tornando nada mais do que sombras projetadas de dentro de suas mentes. E também se desapagam de qualquer senso de responsabilidade, para compensar tudo isso.

Esses indivíduos acreditam que conhecem a realidade, mas sua realidade é na verdade uma manifestação esquizofrênica em massa apoiada pelas sombras refletidas de seus próprios pensamentos.

Por que a Ignorância é o Principal Inimigo?

Sou muito cuidadoso com o que escrevo, pois não minto em meus livros e teria vergonha de dizer a uma pessoa que o dinheiro não é importante enquanto vivendo em um quarto compartilhado em Kiev. Eu posso ensinar como atrair dinheiro e milagres porque já fiz isso vezes suficientes para controlar o mecanismo. Mas dizer que dinheiro não é importante é insultar a inteligência de meus leitores e amigos; e também acredito que é um insulto ao próprio Deus.

Imagine que uma pessoa lhe diga: "O que você me diz não é importante". O que você faria? Você pararia de falar com essa pessoa. Mas agora você deseja oferecer mil dólares a essa mesma pessoa e ele diz: "O dinheiro não é importante". Qual a sua reação a essa atitude? Você responde: "Bem, como não gosto de desperdiçar meu dinheiro, simplesmente o darei a outra pessoa."

Como você vê, não é difícil entender como Deus opera e como as pessoas interpretam mal a religião, porque essas mesmas pessoas falam com Deus como se dissessem: "O dinheiro não é importante, mas você pode me emprestar um pouco?"

O que você pensaria de uma pessoa que fala assim com você? Você diria: "Você é louco; por que eu deveria lhe dar dinheiro, se você acabou de dizer que não precisa?"

Meu argumento é que, qualquer pessoa com uma mentalidade saudável, pode compreender facilmente como Deus opera e como a vida funciona, simplesmente seguindo a lógica. Mas quando você permite que sua capacidade de pensar seja invadida por um grupo inteiro de mentes debilitadas, cai facilmente na esquizofrenia em massa por padrão. Foi por isso que escrevi em alguns dos meus livros que talvez eu deva criar minha própria religião, pois parece que este mundo está completamente perdido.

DAN DESMARQUES

As pessoas de hoje estão em tal estado de insanidade, que suas crenças espirituais não importam mais. Elas não conseguem mais entender seus próprios livros e muito menos ter uma conversa normal com outros seres humanos sem a necessidade de atacar seu cérebro como um zumbi louco de um filme apocalíptico.

Não é paradoxalmente intrigante quando uma religião fala sobre o inimigo sem saber que eles próprios são o inimigo? Isso me lembra aqueles que são possuídos por demônios e fazem grandes esforços para provar aos outros que eu sou o mau. É uma perda de tempo conversar com alguém que não é bom na cabeça. "Discutir com uma pessoa que renunciou ao uso da razão é como administrar remédios aos mortos" (Thomas Paine).

Por que o Amor não é a Resposta?

O que mencionei anteriormente sobre amizades e religião também se aplica ao amor. Você não pode vencer uma discussão com um cônjuge que insiste em puxar a "corda do relacionamento" na direção oposta. Sempre vai romper. E você não pode concordar, a menos que esteja disposto a ver seus sonhos despedaçados.

A história do meu último relacionamento me forçou a repensar meus valores e meus medos. Porque, veja bem, não gosto de passar tanto tempo sozinho, como é geralmente o caso, por causa do meu trabalho e estilo de vida. Ser um autor de tópicos extremamente complexos, me obriga a gastar uma quantidade enorme de horas pesquisando e escrevendo sem parar, o que é extremamente exaustivo mentalmente e me deixa sem muita energia para qualquer outra coisa. E também não tenho paciência para procurar uma nova namorada e sair o tempo todo. Por outro lado, não quero ser pobre ou morar com alguém que esteja claramente competindo contra mim e tentando arruinar meus resultados. Eu já vi isso muitas vezes. E se uma mulher é hipergâmica, então o que essa mulher está realmente fazendo é sabotar o relacionamento, me derrubando enquanto eu elevo sua vida, até um ponto em que sua irritação e frustração se expandem e ela vê a mudança para outro relacionamento como única solução naturalmente possível. Foi exatamente o que ela fez, mesmo que sua nova aventura durasse menos de um mês.

Você não pode vencer a natureza humana com lógica. Quem faz isso se engana seriamente. Mas você também não pode esperar que o futuro seja diferente do que os padrões de comportamento de alguém já lhe mostram. Você nem precisa de um adivinho para ajudá-lo a ver o óbvio. Quem está dirigindo você para baixo, já está traindo você. A falta de respeito por seus valores é um indicador claro de que essa pessoa não tem empatia pelo seu sofrimento, e nem sequer vai parar para refletir, se a oportunidade para tomar uma decisão egoísta que o prejudicará se manifestar.

DAN DESMARQUES

De certa forma, deveria me sentir orgulhoso pelo fato de uma mulher quase vinte anos mais nova que eu não encontrar um homem melhor, mas também não posso esperar que isso aconteça. Você pode prever qualquer futuro possível observando, não apenas as palavras, mas todo o espectro de frases que alguém usa e, principalmente, se muitas foram identificadas por especialistas e autores famosos como comuns a certos traços de personalidade e doenças mentais.

Você também não pode controlar a vida de alguém e a sua própria vida. Mas seria tolice deixar um relacionamento ao acaso quando já sabe como vai acabar. Seria como tirar as mãos do volante ao dirigir um carro e esperar que esse veículo milagrosamente se mantenha na estrada.

Por que Você Não Precisa Prever o Futuro?

É estranho, quando alguém que você conhece em um país dez anos antes e outra pessoa que você conhece em um novo país anos depois, repetem exatamente a mesma frase, palavra por palavra, como se estivessem lendo um roteiro de filme; e é ainda mais estranho, quando você aprende com a experiência — e estudando e lendo livros sobre certas personalidades — que pode prever o futuro dessas pessoas antes que elas mesmas possam fazer isso; Na verdade, esse fenômeno é tão estranho, que muitas vezes me pego prevendo eventos futuros na vida de muitas pessoas apenas olhando para seus padrões de comportamento. Porque, veja bem, a grande maioria não está ciente dessas coisas e também não acho que querem estar.

A vida se torna muito aborrecida e frustrante quando você já conhece o próximo episódio e até toda a temporada de séries de alguém em sua vida; e, no entanto, não importa o quanto tente mudar isso, pois não vai conseguir. Você só pode participar dentro desse filme ou se recusar a participar.

A maioria das pessoas desconhecem tanto de si mesmas que nunca mudam seu curso de ações, nem mesmo quando vêem você estar certo sobre todos os outros ao seu redor.

Em um caso recente que conheci, na verdade li os pensamentos e previ o futuro de todas as amigas que uma garota tinha, mas, porque ela conhecia muitas delas desde a infância, e eu as tinha visto por alguns segundos apenas, ela assumiu que eu era louco. Três anos depois, no entanto, tudo o que eu disse provou ser verdade.

Essa mesma garota também acabou no hospital por causa de um cisto, depois que lhe disse que isso ocorreria se ela continuasse fumando maconha. Em vez de parar, ela lutou contra meus argumentos com todo o absurdo que conseguiu encontrar para me ridicularizar. E uma vez que isso ocorreu, ela parou de fumar maconha, mas decidiu fumar cigarros.

Devo continuar, dizendo que ela agora está atraindo câncer? Como poderia fazer isso, quando ela argumenta que fumar cigarros a ajuda a perder peso?

DAN DESMARQUES

Não importa o quanto você saiba, ou mesmo se possui habilidades telepáticas e adivinhadoras, pois uma pessoa estúpida sempre desperdiçará seu tempo.

Quando essa garota mais tarde demonstrou interesse em ter um relacionamento comigo, eu disse a ela que não estava interessado em estar com alguém que provavelmente morrerá dentro de dez anos. Ela se sentiu ofendida e disse que não queria estar com um homem que deseja sua morte. Mas, pelo contrário, minhas palavras tinham exatamente a intenção oposta.

Ajudar um ser humano muito estúpido é como ser uma mosca dentro de uma teia de aranha tentando convencer a aranha de que a teia não está bem construída. Para a aranha, todas as moscas são iguais e uma teia que não captura uma ainda pode pegar outra.

É muito irônico que quanto mais você souber, mais todos parecerão estúpidos e mais duvidarão do que você diz, porque você parecerá louco para eles. É por isso que os palestrantes públicos mais famosos não são os melhores, mas os que mais se assemelham aos padrões mentais da maioria. E é por isso que não tenho muita consideração ou simpatia por qualquer um deles.

Eu sei que os melhores realmente não serão facilmente aceitos e assimilados pelas massas. De fato, quanto melhores meus livros se tornam, mais qualquer livro de auto-ajuda popular por aí me parece o trabalho de um autor de histórias para crianças do jardim de infância.

Por que é Bom Perder Relacionamentos?

A maioria das pessoas não sabe por que fazem o que fazem e constantemente criam seus próprios filmes, e forçam os outros a desempenhar papéis específicos neles, enquanto desrespeitam aqueles que se recusam a seguir o roteiro, como se estivessem criando um futuro reforçado com padrões de comportamentos específicos no presente.

Essa característica terrestre pode ser comparada a uma situação em que você está explicando a um ator que ele tem livre arbítrio no filme em que escolheu participar, mas o ator nega e insiste em interpretar o roteiro. Além disso, ele nem sabe mais que é ator do filme. Não apenas o ator tem amnésia em relação ao seu objetivo, mas também não tem conhecimento das diferenças entre um filme e a realidade, ou seja, imaginação e verdade. Além disso, o ator se ressente de você por lhe mostrar esse fato.

Isso explica por que, quando atores famosos desempenham papéis psicopáticos nos filmes, muitos deles ficam loucos ou caem em depressão.

É muito difícil para um ser humano ter uma consciência desapegada, porque tudo o mais está conectado a ela. Se você perder o filme, também perderá seus colegas de trabalho, ou seja, o respeito de seus amigos e parentes.

Nos meus relacionamentos, muitas vezes chega um ponto em que minha única opção é dar ultimatos, como: "Você para de falar com A e B, ou eu vou embora da sua vida". E, obviamente, pareço mais louco ainda ao dizer isso. Porque quanto mais desapegado você é do mundo imaginário da maioria, mais você será percebido como louco por eles. É uma resposta natural dos seres humanos a qualquer coisa que não se encaixe em seu senso de realidade preconcebido.

Pode-se então supor que a psicologia resolveria esse problema, mas tal não é o caso para a grande maioria, pois muitos psicólogos também são loucos. Quando disse à minha ex-namorada para ver uma, a psicóloga que ela encontrou disse a ela o seguinte: "Seu namorado está tentando controlá-la porque você tem o direito de festejar sozinha e embebedar-se, ou conversar com ex-namorados e tomar suas próprias decisões, mesmo que isso acabe com a confiança dele em você, e é problema dele se ele não concorda com você e age como se estivesse inseguro."

É realmente difícil vencer esse argumento, mas quem está controlando quem aqui? Eu nem estou sendo pago cinquenta dólares por hora pela minha opinião, mas insultado por mostrar teorias com milhares de anos de evidências e lógica.

Para essas pessoas, o fato de eu ter escrito mais de trezentos livros equivale a nada mais do que amendoins em comparação com a opinião de uma psicóloga, que, basicamente, é paga para dizer o que quiser, sem a necessidade de provar ou obter resultados que correspondem à intenção inicial daquela em terapia.

É como ir a um médico para curar diarréia e permitir que ele corte sua cabeça com o seu consentimento. E, no entanto, é exatamente isso que está ocorrendo no mundo de agora; as pessoas estão sendo estupradas mentalmente e massacradas espiritualmente por aqueles em quem mais confiam. O amor não pode salvá-las desse destino.

Chega um momento em que preciso tomar decisões drásticas para alcançar meus objetivos, e certamente não é possível estar em um relacionamento com alguém que começa tudo com "meus amigos dizem ... e, portanto ..."; porque "as águias voam sozinhas, mas as ovelhas se unem" (Provérbio polonês).

Qual é a Verdadeira Fonte do Desacordo?

As pessoas criam desacordos tanto quanto os atraem. E se uma pessoa acredita que você não pode ter sucesso, ela já está manifestando uma predisposição para atrair um desacordo que levará a uma transição.

Quanto mais você se esforça para alcançar o sucesso, mais rápido isso ocorrerá. Você nunca muda tanto quanto os outros. Quando suas crenças entram em conflito com as deles, é preciso mudar ou o relacionamento deve terminar. É por isso que é tão difícil compartilhar uma vida com alguém que não possui as mesmas visões e fé que você, alguém que é, fundamentalmente, cega.

A maioria das pessoas vê apenas uma parte da sua alma e, à medida que você continua se expandindo, elas podem recusar as partes que não correspondem às expectativas. Esse ressentimento é o que causa rupturas sempre que avançamos em direção a nossos objetivos. E quanto mais rápido mudamos, mais devemos aceitar tais situações como inevitáveis.

Em um mundo de burros, os cavalos correm sozinhos. Você não pode esperar que as galinhas voem com você, ao passar de uma galinha para uma águia.

Muitos filmes de Hollywood nos levam a acreditar na mentira de que duas pessoas podem ser completamente diferentes e ainda assim serem felizes juntas, e eu gostaria que isso fosse verdade, mas muitas experiências dolorosas me mostraram o contrário. Os estúpidos insultam o sábio; aqueles que falham na vida traem aqueles que são honestos; os pobres se ressentem dos ricos; os doentes insultam os saudáveis; os ateus colocam à prova a paciência dos mais espirituais.

Você não pode mudar essa dinâmica, e essa é a parte mais triste da lei da atração. À medida que você se esforça para ficar mais rico, todos os que se opõem a isso, ciumentos e ressentidos com seu sucesso, removerão a máscara e mostrarão sua verdadeira face para você, e o surpreenderão com o verdadeiro eu, escondido por trás do que eles fizeram você acreditar por muito tempo.

Você não pode tirar proveito da vida sem sacrificar muito. Essa é a parte dolorosa desta lei. Mas eu já fiz isso muitas vezes. Eu sacrifiquei muitas pessoas para esta lei. E devo dizer que Deus também as sacrificou por mim e através de mim ao longo do processo, e tanto quanto eu, porque essa é a lei deste mundo.

A lei da atração não é um pensamento positivo que permite que você consiga o que deseja sem preço, mas a mãe de todas as leis. Se você quer mais, precisa crescer mais que sua dor, porque não pode crescer sem deixar para trás o seu antigo eu e tudo o que o fez ser assim.

A Lei da Atração em Poucas Palavras

Entre todas as religiões que estudei, descobri que as primeiras contêm as verdades mais profundas sobre a lei da atração. Quem estuda essas escrituras, entenderá muito quando comparado com a leitura de best-sellers recentes, embora a linguagem possa ser mais alegórica e cheia de simbolismo.

Outra coisa que preciso dizer, pois muitas vezes é negligenciada, é que o karma e o amor estabelecem as regras para qualquer um dos nossos métodos. Pessoalmente, sei que minha vida está prestes a mudar, quando estou perdendo pessoas que amo, amigos que quero manter ou quando sou forçado a sair de onde quero ficar. Porque esta lei não perdoa e não é cega.

Como também tenho experiência em ocultismo, pude entender por que funciona assim. Se as pessoas que conhecemos são contra nossos sonhos, perdemos os sonhos ou os perdemos. Você não pode evitar brigas e insultos que outras pessoas criarão para justificar uma transição inevitável.

É por isso que a maioria da humanidade está realmente dormindo, pois esse sono vem na forma de inconsciência, uma completa inconsciência para a mecânica do mundo, operando em torno deles e também dentro deles. Basicamente falando, a grande maioria das pessoas opera por padrão, como efeitos da mecânica espiritual em sua realidade. E por causa disso, tendem a pagar um preço mais alto por seu karma. Quanto menos entenderem esses princípios, mais dolorosa poderá ser a influência do karma sobre eles.

Alguns dias atrás, por exemplo, uma amiga me convidou para sair e, depois de falar compulsivamente, começou a chorar, dizendo que não tinha amigos e passa os fins de semana chorando na cama porque se sente sozinha e ninguém quer passar tempo com ela. E eu podia sentir simpatia por ela, exceto que ela traiu o namorado e investiu seu tempo nas pessoas erradas, simplesmente porque saíam com ela para bares e discotecas e apoiavam sua necessidade de ficar bêbada nos fins de semana, enquanto o namorado não permitia isso.

Depois de serem usados tanto quanto ela usava seus amigos, eles seguiram em frente com sua vida e nunca mais sentiram a necessidade de conversar com ela. Depois de insultar o namorado por causa de suas necessidades egoístas, ela também o perdeu. E agora, ela está pagando pelo que fez. Isso é karma, mas um karma que ela mesma criou.

A lei da atração é a lei de causa e efeito, também conhecida como karma. Pode ser positivo ou negativo, porque você atrai o que faz e faz de acordo com o que pensa, e que é um reflexo daquilo em que acredita. Se suas crenças estão erradas, você atrai sofrimento; se suas crenças estão certas, você atrai felicidade. Em suma...

- Se você pensa que o amor é uma mercadoria, atrai a solidão;

- Se você acredita que as amizades são destinadas a satisfazer o egoísmo, atrai traição;

- Se você prioriza as amizades acima dos relacionamentos, atrai o abandono;

- Se você afastar aqueles que a amam, atrai o desespero;

- Se você valoriza prazeres de curto prazo, atrai sofrimento.

Quanta solidão e sofrimento é preciso suportar para entender essas coisas? Ela não conseguia entender e ficou com raiva quando eu disse que teria que experimentar a solidão por um longo período de tempo, possivelmente até um ano inteiro, para ver por que sua vida era assim. Quando ela me perguntou o porquê, tentei explicar, mas ela continuou exigindo uma resposta mais curta, e então dei a ela a resposta mais curta possível: "Você é ignorante demais".

Por que as Afirmações Não São Suficientes?

Eu usei afirmações no passado para poder mudar minha vida para o que é agora, mas me vi bloqueado recentemente e depois perdendo dinheiro, e foi aí que cheguei à conclusão de que as afirmações não são suficientes, pelo menos para mim. Também comecei a fazer muitos cursos sobre riqueza, para ver se conseguia obter mais, corrigindo as estratégias que estava usando, e nada funcionava bem. Enquanto isso, percebi que todo mundo que obtém meu conhecimento sempre atrai muito mais dinheiro do que eu. E isso, porque minha mente subconsciente é mais pesada que a deles.

Continuei tentando muito mais técnicas, para melhorar meus resultados, como auto-hipnose e meditação, mas agora minha abordagem é diferente, pois percebi quantas técnicas populares podem acabar trabalhando contra nós. Além disso, existem muitos elementos externos, fora do nosso controle que também nos afetam. Muitas pessoas não entendem isso, por causa de como fomos levados a perceber o mundo e o comportamento humano nos últimos cem anos, mas, perceba que a psicologia não é realmente psicologia, mas mais uma ciência sobre comportamentos observáveis ou "comportamentologia", por concentra-se nas observações e não na mecânica, analisa os instintos e as mudanças, mas não as atualizações humanas na consciência ou na percepção. E, da mesma forma, a religião não é realmente religião, mas uma compilação de dogmas de adoração e culto, com os quais a maioria dos seguidores concorda, mas que também não entendem completamente e não querem entender, na premissa de que tal entendimento mais elevado os exclui da mentalidade de rebanho com que estão familiarizados.

A complexidade do mundo está além do alcance da maioria das mentes, pois não estão preparadas para esse nível de realidade. Estão imersos nela, mas não conseguem percebê-la. E é aí que eu apareço, pois minha responsabilidade como autor, consiste em atualizar o estado da humanidade para uma vibração mais alta.

Em outras palavras, se quero ajudar os outros, tenho que ser o único a me ajudar, pois não encontro ninguém com mais para me oferecer, e estou sempre perdendo meu tempo tentando encontrar tais pessoas. Muitas pessoas realmente não entendem como a mente, o espírito e a própria vida operam por completo, ou como estão interconectados, para moldar nossa personalidade eterna. E isso, provavelmente, porque eles mesmos são enganados por seus próprios pensamentos. E, no entanto, existem muitos estudos científicos que nos mostram isto, pois já foi provado, vezes o suficiente, que nossa realidade está sempre se adaptando a nossos pensamentos tanto quanto nossos pensamentos moldam essa mesma realidade.

Pode parecer uma abordagem simplista, olhando o mundo desse ângulo, mas apenas se você desconsiderar o fato de que todos no planeta estão conectados em um nível subconsciente, que é o mesmo que dizer que obtêm os pensamentos de todos com quem você interage.

Agora, quando você compara afirmações, hipnose, conhecimento e terapia, com o que acabei de dizer, percebe que está competindo com uma mente subconsciente que está, em grande parte, fora de seu controle. É por isso que falhamos sistematicamente, apesar de nossos esforços conscientes. E é também por isso que, tudo o que você deseja fazer, nunca removerá seus bloqueios ao dinheiro, pois eles não são realmente seus para começar. A única maneira de resolver esse problema consiste em abordar a mecânica do universo espiritual.

A evidência da eficiência deste método será muito óbvia para você assim que o aplicar. Porque, trabalhando em si mesmo, em um nível espiritual e mental, sua realidade e todos que estão nela mudarão, como se fossem controlados por uma força externa além de sua consciência. E isso, porque é realmente como a realidade opera.

Todos nós estamos conectados por uma rede invisível, à medida que você reorganiza seu lugar mentalmente dentro dessa rede, também verá a realidade externa mudando, para corresponder a ela. E por causa do que acabei de explicar, o processo é muito mais rápido do que você obteria usando afirmações.

Sem uma compreensão adequada da mecânica do mundo espiritual, as afirmações podem, muitas vezes, apenas aumentar seu estado de ansiedade em relação ao dinheiro, mas não fazem muito pelo seu resultado.

Seu Relacionamento Emocional com o Dinheiro

O dinheiro representa um valor que é trocado por outro valor. Pode ser ouro, dólares, livros, roupas ou qualquer outra coisa, incluindo conhecimento de qualquer forma.

Muitas pessoas aplicam esse tipo de transação ao trocar seu tempo por dinheiro, por exemplo. Elas estão dizendo que 160 horas mensais de vida e 1.920 horas de cada ano, é equivalente a um salário que paga pelo aluguel e pela comida, e pouco mais do que isso. E esse é um acordo muito ruim, no qual muitos bilhões de humanos confiam e concordam, como se dissessem que têm um valor de mercado muito baixo.

Quando isso acontece, manter as pessoas vivas se torna um luxo e não uma necessidade.

Em outras palavras, o dinheiro em si não é real, mas apenas o método que usamos para trocar valor. Se você compra uma jaqueta que custa o salário de um mês, trabalhou um mês inteiro para essa jaqueta. E é por isso que, quando as pessoas se vestem com roupas finas e se sentem ricas, também se sentem bem consigo mesmas, com uma percepção melhor de si mesmas e uma autoestima mais alta; elas sorriem mais, caminham mais direitas e experimentam a vida com mais confiança e sensação de abundância.

Esse estado mental de relaxamento faz com que as pessoas se sintam bem com sua existência, como se supercompensassem sua falta de valor próprio com aquisições materiais. E quanto menos valores espirituais tiverem, mais se sentirão assim.

Agora, vamos inverter tudo isso, e você chegará à conclusão de que certas emoções e atitudes estão relacionadas à riqueza, enquanto outras não. É difícil sentir-se confiante quando você mal consegue chegar ao final do mês com suas despesas. Isso não significa que sua atitude e emoções serão suficientes para atrair riqueza, mas que são uma expressão de sua autoestima, suas crenças subconscientes, que, por outro lado, são baseadas no que você considera merecer. E é aí que você encontra as razões pelas quais atraiu uma certa quantia para sua vida, e não mais ou menos que isso.

Você está manifestando o que considera ser sua auto-estima — seu valor como ser humano — em suas decisões, ações e, como conseqüência, na quantidade de dinheiro que atrai para si mesmo.

Se você se sente digno e rico, já está no nível médio dos seus resultados. Mas somente se entender por que não estava se sentindo assim antes; ou seja, se você perceber o que precisa em sua vida para transformar suas emoções nessa direção.

Talvez haja alguém que invalide seu valor social, talvez alguém tenha lhe dito que você merece menos do que aquilo que você tem ou não tem, talvez você diga a si mesmo todos os dias que não merece mais. Qualquer que seja o motivo, ele é incorporado aos seus hábitos e pensamentos diários. Assim que você começar a se perceber como mais valioso, procurará empregos mais valiosos, onde terá mais respeito e remuneração, buscará melhores idéias de negócios e basicamente produzirá mais valor para o mundo.

À medida que sua auto-estima aumenta, aumenta também o valor do que você retribui à humanidade, que, em troca, traz mais valor à sua vida por esse mesmo princípio de troca.

Somente quando você começa a se ressentir da vida por causa daqueles que o machucam é que você interrompe sua capacidade magnética de atrair mais valor próprio e, no processo, também mais dinheiro.

Por que Dinheiro e Status Estão Inter-relacionados?

A razão pela qual a maioria das pessoas coloca tanta importância em sua aparência e reputação é porque instintivamente percebem essas coisas como estando relacionadas à sua sobrevivência, seu status, seu próprio valor e, como resultado, o que podem obter em valor dos outros.

Esta foi uma maneira eficiente de subir a escada social no passado e até se tornar um monarca. Mas não é mais uma perspectiva tão digna como caminho direto como era antes. Hoje, seu valor pode ser construído de várias outras maneiras, embora esteja fundamentalmente enraizado na maneira como você se vê, e não na maneira como os outros o vêem. Quanto mais valioso você se considera, mais valor você possui e atrai. O desafio consiste em ser capaz de fazer isso enquanto se sente desprezado pelos outros.

Agora, obviamente, como com as pessoas, os objetos assumem um valor diferente dependendo de onde você os apresenta. E é por isso que o dinheiro é mais valioso do que qualquer outro objeto, pois o valor é o mesmo em todo o mundo. A quantia, por outro lado, de tal valor, é relativa, se considerarmos do ponto de vista de seu uso, pois nas Filipinas US $200 é o salário de um mês, enquanto nos EUA é apenas o suficiente para as compras comuns do supermercado. Então, como você pode ver, o quanto você precisa depende de muitos fatores. Qualquer valor é relativo ao contexto em que é aplicado.

O mesmo pode ser dito sobre o seu valor pessoal, pois suas habilidades são mais valiosas em algumas partes do mundo do que em outras. Até a sua aparência pode ser percebida como mais atraente em algumas partes do planeta, mas não em outras. Por que, por exemplo, valorizamos tanto as pessoas de cor branca hoje em dia? Porque elas aparecem nos filmes. Seu valor foi aumentado, na forma de super-heróis, atores românticos e assim por diante. Se essas mesmas pessoas brancas fossem frequentemente retratadas como terroristas e outros criminosos, seu valor diminuiria. E, no entanto, o valor de uma cor de pele está sendo aumentado ou rebaixado pelas tendências. É por isso que você terá mais amor em algumas partes do mundo do que em outras, dependendo de como você aparenta ser para os habitantes locais.

O mesmo se aplica aos seus serviços, bens e muitos outros componentes de sua individualidade como ser humano.

Como a maioria das pessoas quer acreditar em um mundo idealista, no qual todos são percebidos como iguais, não conseguem se ajustar ao ambiente e, ao fazê-lo, não conseguem entender por que estão sendo desvalorizados ou como podem aumentar seus resultados. continuando sendo eles mesmos.

Para ilustrar isso com um exemplo pessoal, posso dizer-lhe que na maioria dos estados europeus ninguém acredita que ganho a vida como autor. Como a maioria dos europeus não lê, não valoriza a leitura e assume que os livros não têm valor. E não posso fazê-los acreditar em algo que não valorizam. Portanto, meu próprio valor como pessoa diminui.

Eles não me consideram importante como ser humano. E é por isso que poucas pessoas na Europa se preocupam em passar seu tempo comigo, o que, como resultado, me faz experimentar uma vida mais solitária, em todos os aspectos, inclusive na minha vida amorosa. Definitivamente, as mulheres europeias não se sentem atraídas pelos autores, porque na Europa ser um autor tem sido associado à falta de riqueza, insanidade e solidão.

Por outro lado, se estou nos Estados Unidos ou na China, tudo muda em poucos dias, e mal tenho tempo para mim. Assim que as pessoas sabem que sou um autor, querem me convidar para sair, passar tempo comigo e conversar comigo sobre todo tipo de assuntos; e até as mulheres estão genuinamente mais interessadas em um potencial relacionamento comigo. Mais uma vez, a mesma aparência, mas com um valor percebido de modo completamente diferente, também me leva a uma experiência de vida completamente distinta, no que diz respeito ao valor social percebido, nos relacionamentos e até no potencial de formar conexões que literalmente me guiarão para o aumento de minha riqueza e melhorias no meu círculo social.

Essa diferenciação está tão enraizada na cultura que quase todos os europeus que encontro, sempre que querem ler livros, geralmente selecionam o que foi escrito por autores norte-americanos. Não apenas desvalorizam seus próprios autores, mas também valorizam mais autores norte-americanos por padrão. E, no entanto, se algum desses autores norte-americanos morasse na Europa, eles não seriam percebidos como valiosos.

Certamente é ridículo quando meus amigos se recusam a comprar meus livros porque moro na Europa, mas escolhem comprar um livro com menos conteúdo que os meus, publicado por um autor que mora nos Estados Unidos, sabendo que esse autor está vendendo menos cópias que eu e tem uma classificação mais baixa que a minha; mas esse é o poder do status social sobre a riqueza.

Por que Certos Valores Podem Mantê-lo Pobre?

Como posso ganhar dinheiro online, posso experimentar um estilo de vida duplo, no qual sou percebido como um perdedor na Europa, enquanto ganho mais dinheiro dormindo do que aqueles que me tratam como um rato. Por outro lado, e como resultado dessa incongruência, minha auto-estima diminui e minha renda também.

Agora, sempre que viajo para países onde sou mais respeitado, meus livros se tornam melhores devido à minha clareza de espírito e também mais interessantes; Tenho ideias melhores para livros melhores e também atraio mais dinheiro. E garanto a você que já vi isso com muita frequência para chamar de coincidência. De fato, não percebi o quão conectadas estavam minhas emoções e minha renda, até que percebi que estou constantemente zangado na Europa. Minha raiva é resultante do meu valor pessoal estar constantemente sob ataque, com insultos e conversas chatas que pretendem refletir as dúvidas de outros sobre mim. Eles perguntam coisas como: "Como é possível ganhar dinheiro com livros?", "Você só vende livros?", "Alguém compra esses livros?" Ou "Quem quer seus livros?"

Eu nunca tive que responder a essas perguntas estúpidas em outro lugar, mas apenas na Europa. No entanto, as perguntas religam meu cérebro, como se alguém estivesse me dizendo: "Não pense que você deveria estar ganhando tanto dinheiro". É outra maneira de dizer também: "Você não merece o que tem".

Se disser para você não pensar em um elefante rosa, é exatamente nisso que você estará pensando. E é por isso que a estupidez dos outros afeta constantemente seu próprio conceito de valor próprio, quer você aceite isso ou não.

É por isso que comecei a perder mais de 80% do que estava ganhando antes; o que me levou a estudar o tópico que estou mostrando agora e as conclusões dessa auto-análise. Este livro é muito mais importante para mim do que para qualquer pessoa que o leia. Eu o construí para proteger minha mente de ataques tão cruéis e constantes à minha auto-estima através de invalidação direta e indireta.

A única coisa que não posso lhe responder no momento, apesar da grande quantidade de conhecimento que possuo hoje, é se você pode ter um relacionamento com uma pessoa pobre enquanto é rico. Infelizmente, até agora, sou obrigado a lhe dizer que isso não é possível. Uma pessoa pobre tem uma mentalidade ruim e constantemente empurra suas finanças para baixo por padrão. Ainda não vi o contrário, inclusive nos casos de mulheres que vão de trapos a riquezas ou aquelas que simplesmente vêm de famílias muito pobres e hoje vivem independentemente com empregos bem remunerados.

Por que Seus Amigos Podem Mantê-lo Pobre?

Sempre que seu valor pessoal, percebido por si mesmo, seja qual for a causa, for inferior ao seu valor exterior, você tende a trabalhar mais por menos em troca. É por isso que a escassez de empregos disponíveis força os trabalhadores a aceitar salários mais baixos. Mas sempre que seu valor pessoal percebido é superior ao seu valor exterior, você se supera e acaba sozinho, percebido como arrogante, pária, rebelde e louco. De fato, essa é frequentemente a principal causa por trás da exclusão de candidatos após suas entrevistas de emprego.

Essa atitude, em troca, também afetará seu valor pessoal. Como resultado, se você deseja aumentar seu senso de valor e também sua renda, precisa criar um equilíbrio entre o interior e o exterior; e você só pode conseguir isso através de suas emoções e da manutenção constante de um estado mental superior, que, se aceito pelo mundo exterior, pode ser mantido pelo hábito. Se não o fizer, você precisará exercitar constantemente uma projeção fabricada. É por isso que as pessoas estão constantemente fingindo sua imagem social e vivendo com medo do que os outros pensam.

Em outras palavras, quanto menos valor os outros veem em você, mais trabalho interno você precisa fazer consigo mesmo, através da aplicação deste livro e do uso de visualizações e afirmações. Você sempre precisa fazer mais do que o normal, para manter ou aumentar seu estado de vida, porque, por padrão, a sociedade impedirá que você mude perante o papel que lhe foi rotulado dentro dessa mesma sociedade.

É assim que a maioria das pessoas se percebe e como o mundo sempre foi organizado. Um peixe não pode se tornar uma águia, mesmo que um ser humano possa ser predador ou presa, escravo ou proprietário, de seu próprio destino. E, no entanto, a maioria das pessoas não vê a realidade desse ponto de vista. Eles consideram sua própria natureza imutável, como a natureza de qualquer outro animal.

Paradoxalmente, quanto mais alguém se considera apenas um animal social, mais ele ou ela estará propenso a acreditar na natureza imutável de sua própria alma. É por isso que você não gostaria de sair com darwinistas ou ateus.

A Grande Mentira no Igualitarismo

Como a maioria das pessoas tem inveja dos estilos de vida de alguns e até se ressentem disso, muitas vezes somos alimentados com mentiras no que diz respeito à idealização do mundo, sendo o socialismo e o comunismo as armas mais importantes. Mas não sejamos enganados, pois "quando uma sociedade inteira exige um alto padrão de vida e, no entanto, não se concentra na produção pessoal de produtos valiosos, está terminada" (L. Ron Hubbard).

A verdade é que, sempre que as pessoas têm baixa auto-estima e baixas expectativas, seus níveis de produção refletem isso, e por serem lentos, preguiçosos, ignorantes e arrogantes, não sentem a necessidade de aprender ou melhorar, ou trabalhar mais horas. E é por isso que a procrastinação e a preguiça são doenças da mente relacionadas a uma baixa autoestima.

Não se pode atrair riqueza, a menos que estejamos refletindo o mesmo valor que pretendemos obter, através da própria personalidade e ações. Sempre precisamos produzir muito mais valor no que fazemos, ou na confiança que transmitimos aos outros, do que no que recebemos em troca, porque, simplesmente, nem todo mundo que o ama, comprará de você, e nem tudo o que fizer, mesmo que de alta qualidade, será percebido como de alta qualidade para os outros.

No meu caso, por exemplo, isso se reflete no meu aprimoramento constante na edição de livros, na alteração de capas e na entrega de conteúdo de modo mais profissional. À medida que minha própria percepção do meu valor aumenta, o valor das minhas obras também aumenta e, como resultado, obtenho mais riqueza.

Se esperasse que outros me atribuíssem esse valor mais elevado por nenhuma outra razão, estaria esperando minha própria morte, porque as pessoas sempre nos percebem com muito menos valor do que aquele que já temos.

Esse fenômeno pode ser visto em uma escala mais ampla, pois "em uma sociedade desencaminhada por uma economia descontrolada,... os ricos (muitos dos quais trabalham como loucos) são vistos como ociosos ou mesmo como criminosos; o melhor modo de vida é feito parecer ocioso; para parecer que devemos ganhar a vida sem nenhum esforço da nossa parte" (L. Ron Hubbard). Esse tipo de doença formada sob uma mentalidade ignorante em relação ao dinheiro leva muitas pessoas a acreditar no que é chamado de igualitarismo. "Este declara que todos devem receber o mesmo salário e ter o mesmo padrão de vida. Não menciona que alguém deve fazer algum trabalho. Apenas afirma que o melhor trabalhador não deve ser melhor recompensado. Mas isto colidiria com qualquer sociedade" (L. Ron Hubbard).

Sempre que você aplica falsidades sociais à sua própria vida, está fadado ao fracasso. É por isso que é igualmente importante entender como o dinheiro funciona, como a riqueza é gerada, assim como colocar esforços na acumulação de mais, porque, fundamentalmente, você está lidando com uma ponte entre você e o resto do mundo — sua identidade e como o mundo o percebe. Você não pode atrair mais e mantê-lo sem entender o mesmo mundo e como este vê você e seu valor único.

Para atrair mais abundância para a sua vida, você precisa trabalhar consigo mesmo. Você muda sua realidade e seu resultado, se alterando a si mesmo e o que o impede de alcançar o seu melhor.

Etapa 1: Deprogramando a Mente

A seguinte lista de perguntas pretende trazer até a superfície todas as memórias que o prendem — escondidas de sua consciência e dentro de sua mente subconsciente.

Pode parecer difícil responder à maioria dessas perguntas a princípio, mas você deve repetir a experiência o máximo possível, para continuar despertando mais e mais lembranças do seu passado. Quanto mais você usar esse sistema, mais sua mente subconsciente ficará limpa de todos os bloqueios ao dinheiro, mais poderoso será o seu magnetismo para atrair riqueza e, mais importante, menos impactantes serão os pensamentos e as palavras dos outros no que diz respeito ao dinheiro em você.

Toda vez que você não puder responder a uma pergunta, passe para a seguinte. Repita esta lista todas as manhãs, quando seu cérebro estiver relaxado e bem consciente, pois é muito mais difícil fazer este exercício quando estiver exausto de um dia inteiro de trabalho.

Sempre tente obter a memória mais antiga possível, ou a mais recente quando não se lembrar da maior parte do seu passado. Além disso, sempre que for bem-sucedido nesse processo de lembrança, tente recordar também quantos anos você tinha na memória que traz à superfície.

Você verá que, quanto mais repetir esta lista, melhor sua memória e foco se tornarão e mais feliz você se sentirá.

Muitos outros eventos em sua vida social também se manifestarão de acordo, para corresponder às transformações que você sente dentro de si, usando esta lista.

Dito isto, vamos começar com a limpeza do seu subconsciente. Lembre-se de um momento em que...

1. Uma pessoa muito menor que você se ressentiu do seu tamanho.
2. Uma pessoa maior que você fez você se sentir inferior.

3. Uma pessoa não deixava você começar algo.
4. Uma pessoa não deixaria você terminar alguma coisa.
5. Você encontrou um espaço muito pequeno.
6. Encontrou um espaço muito grande.
7. Foi empurrado para trás porque era muito pequeno.
8. Foi empurrado para trás porque era muito grande.
9. Foi rejeitado por uma equipe.
10. Foi escolhido por uma equipe.
11. Descobriu que alguém havia mentido sobre o quão ruim você era.
12. Descobriu que alguém havia mentido sobre o quão bom você era.
13. Descobriu que afinal estava certo.
14. Pensou que sua decisão teria sido melhor.
15. Resolveu um problema que ninguém mais poderia resolver.
16. Descobriu que poderia ignorar a opinião de alguém.
17. Alguém elogiou seus resultados.
18. Venceu uma competição.
19. Foi admirado por sua aparência.
20. Controlou uma máquina.
21. Uma máquina controlou você.
22. Realizou uma jornada difícil.
23. Descobriu sua competência.
24. Descobriu suas limitações.
25. Um inimigo implorou por misericórdia.
26. Alguém pediu perdão.
27. Alguém chorou por sua causa.
28. Você chorou por causa de alguém.
29. Alguém o machucou fisicamente.
30. Você machucou alguém fisicamente.
31. Você fez alguém sangrar.
32. Conseguiu se afastar de alguém que o invalidou.
33. Descobriu que estava certo e um de seus pais estava errado.
34. Descobriu que poderia melhorar.
35. Superou as expectativas dos outros.
36. Fez algo que alguém considerou impossível.
37. Se surpreendeu com sua própria resistência.

38. Descobriu que podia entender um assunto difícil.
39. Fez um trabalho que ninguém acreditava ser possível.

Etapa 2: Desbloqueando a Prosperidade

Agora seguiremos com outro exercício, apagando seu senso de indignidade no que diz respeito a ser rico. Lembre-se de um momento em que...

1. Uma pessoa muito menor do que você se ressentiu por possuir alguma coisa.
2. Uma pessoa maior que você se ressentiu por possuir alguma coisa.
3. Uma pessoa não deixava você começar algo que era lucrativo para você.
4. Um objeto era muito caro para você, mas você o comprou.
5. Você foi ameaçado porque parecia rico.
6. Você foi escolhido por uma equipe porque parecia confiante.
7. Você achou que era adequado para ganhar dinheiro com o trabalho.
8. Você achou que era inadequado para um emprego, mas foi pago de qualquer maneira.
9. Você descobriu que alguém estava errado sobre o quanto você era ruim em ganhar dinheiro.
10. Você descobriu que alguém estava certo sobre o quão bom você era em ganhar dinheiro.
11. Você descobriu que estava certo sobre como ganhar dinheiro.
12. Você achou que sua decisão teria sido melhor para aumentar os lucros.
13. Você encontrou uma solução que ninguém mais viu e ganhou dinheiro com ela.
14. Você descobriu que podia ignorar a opinião de alguém sobre dinheiro.
15. Você descobriu que não podia ignorar a opinião de alguém sobre dinheiro.
16. Suas habilidades foram admiradas e bem pagas.
17. Você venceu uma competição e recebeu um prêmio valioso.
18. Você descobriu que poderia trabalhar mais do que a maioria das pessoas.
19. Você ganhou dinheiro online.
20. Você ganhou dinheiro ilegalmente.
21. Você ganhou dinheiro usando seu cérebro.
22. Você ganhou dinheiro usando seu coração.

23. Você ganhou dinheiro usando as mãos.
24. Você ganhou dinheiro usando sua intuição.
25. Você ganhou dinheiro usando a sua sorte.
26. Você realizou um plano difícil para aumentar os lucros.
27. Você descobriu sua competência em ganhar dinheiro.
28. Alguém de quem você não gostava lhe pediu dinheiro.
29. Alguém de quem você gostou implorou por dinheiro.
30. Alguém chorou porque você conseguiu algo valioso.
31. Alguém te machucou fisicamente por causa de dinheiro.
32. Alguém te machucou emocionalmente por causa de dinheiro.
33. Você machucou alguém fisicamente por causa de dinheiro.
34. Você machucou alguém emocionalmente por causa de dinheiro.
35. Você foi capaz de fugir de alguém que invalidou seu potencial para ganhar dinheiro.
36. Você descobriu que estava certo e que um de seus pais estava errado no que diz respeito ao seu potencial para ganhar dinheiro.
37. Você descobriu que poderia melhorar seu lucro com uma atividade.
38. Você tinha medo de falhar, mas conseguiu dinheiro no final.
39. Você superou as expectativas dos outros na criação de lucro.
40. Você decepcionou alguém porque teve sucesso.
41. Você decepcionou alguém porque ganhou um bom salário.
42. Você decepcionou alguém porque estava vestindo roupas caras.
43. Você decepcionou alguém porque estava usando seu dinheiro para viajar.
44. Você ganhou dinheiro com algo que outros consideravam impossível.
45. Você se surpreendeu com sua própria resistência ao trabalhar por dinheiro.
46. Você se surpreendeu com suas próprias idéias sobre como ganhar dinheiro.
47. Você descobriu que podia entender como ganhar mais dinheiro.
48. Você fez um bom trabalho quando ninguém acreditou que seria possível.
49. Foi-lhe dito que nunca seria melhor que os outros.
50. Sua mãe fez você se sentir inferior a outra pessoa.
51. Seu pai fez você se sentir inferior a outra pessoa.

52. Foi-lhe dito que nunca seria rico.
53. Você ignorou alguém porque ele era pobre.
54. Você ignorou alguém porque ele era rico.
55. Você foi ignorado por alguém porque era pobre.
56. Você foi ignorado por alguém porque era rico.
57. Você tinha muito dinheiro na sua carteira.
58. Você tinha que ser educado com alguém que era mais rico que você.
59. Alguém foi educado com você porque você parecia mais rico.
60. Suas roupas fizeram você parecer rico.
61. Você passou fome porque não tinha dinheiro suficiente.
62. Você descobriu que não precisava morrer de fome porque tinha dinheiro suficiente.
63. O veículo em que você estava sentado fazia você parecer rico.
64. Um espaço era grande demais para você e fazia você se sentir rico.
65. Uma mesa era grande e cheia de abundância.
66. Você pode pagar uma conta cara no médico ou dentista.
67. Alguém fez você se sentir rico por causa de sua personalidade.
68. Alguém fez você se sentir rico por causa do seu passado.
69. Alguém fez você se sentir rico por causa de sua família.
70. Você deu as mãos a alguém rico.
71. Você tornou alguém rico.
72. Você beijou uma pessoa rica.
73. Você fez sexo com uma pessoa rica.
74. Uma pessoa não deixava você vender algo.
75. Você foi rejeitado por uma equipe porque era ambicioso.
76. Você foi escolhido por uma equipe porque era ambicioso.
77. Alguém rico pediu sua opinião.
78. Alguém rico dependia de você.
79. Você achou que era adequado por ser melhor que os outros.
80. Você achou que era inadequado por ser melhor que os outros.
81. Você descobriu que alguém subestimou seu potencial.
82. Você descobriu que alguém subestimou sua inteligência.
83. Você descobriu que alguém subestimou sua experiência.
84. Você achou que seu conselho ajudou alguém a ganhar dinheiro.
85. Você achou que seu conselho ajudou alguém a ter uma vida melhor.

86. Você descobriu que podia fazer uma criança rir com presentes que pagou.
87. Você achou que sua decisão o salvou da pobreza.
88. Você achou que sua decisão atraiu sorte para a sua vida.
89. Você teve sorte e agiu de acordo com essa sorte.
90. Alguém lhe deu uma oportunidade e você a aproveitou.
91. Você resolveu um problema com o qual ninguém poderia ajudá-lo.
92. Seu conhecimento o ajudou a ganhar mais dinheiro.
93. Você ganhou mais dinheiro investindo com dinheiro.
94. Alguém lhe ofereceu dinheiro.
95. Alguém lhe emprestou dinheiro.
96. Você ofereceu dinheiro a alguém.
97. Você pediu dinheiro emprestado a alguém.
98. Alguém transferiu dinheiro para sua conta bancária.
99. Você transferiu dinheiro para a conta bancária de alguém.
100. Seus próprios planos atraíram sorte para a sua vida.
101. Seus próprios planos atraíram sorte para a vida de outra pessoa.
102. Você descobriu sua competência em aprender sobre dinheiro.
103. Você descobriu sua competência em ter sucesso com um negócio.
104. Você ganhou dinheiro sem pedir.
105. Alguém lhe ofereceu férias.
106. Alguém lhe ofereceu uma cama para dormir.
107. Alguém lhe ofereceu uma casa para morar.
108. Alguém lhe ofereceu um emprego que você não pediu.
109. Alguém o convidou para jantar e pagou esse jantar.
110. Alguém o convidou para almoçar e pagou.
111. Alguém o convidou para uma bebida e pagou.
112. Você almoçou com alguém rico.
113. Você jantou com alguém rico.
114. Você desfrutou de um buffet em um hotel caro.
115. Você descobriu que poderia conseguir um emprego melhor.
116. Você descobriu que era o melhor em um emprego.
117. Você ganhou mais dinheiro do que precisava.
118. Você ganhou mais dinheiro do que esperava.
119. Você viu mais dinheiro em sua conta bancária do que era esperado.

120. Você ganhou dinheiro fazendo algo com paixão.
121. Você ficou satisfeito com a quantidade de dinheiro recebido.
122. Você ganhou dinheiro com facilidade e sem esforço.
123. Você descobriu como fazer as pessoas quererem lhe pagar.
124. Você estava feliz por ter dinheiro.
125. Você tinha acabado de criar algo que lhe deu lucro.
126. Você se sentiu enérgico porque tinha dinheiro.
127. Você se sentiu livre porque tinha dinheiro.
128. Você se sentiu forte porque tinha dinheiro.
129. Você se sentiu confiante porque tinha dinheiro.
130. Você se sentiu seguro porque tinha dinheiro.
131. Alguém estava esperando você lhe dar dinheiro.
132. Você foi a algum lugar para receber um pagamento.
133. Você comprou algo que gostou porque alguém lhe ofereceu dinheiro.
134. Você apreciou de um estilo de vida em que não precisava se preocupar com dinheiro.
135. Você jogou um jogo com dinheiro.
136. Alguém pensou que você era importante porque você tinha dinheiro.
137. Alguém o ajudou a conseguir mais dinheiro.
138. Alguém o amou porque você parecia rico.
139. Você gostou da companhia de alguém que era rico.
140. Você progrediu para adquirir mais dinheiro.
141. Você caminhou com confiança porque se sentia rico.
142. Você ajudou alguém, dando-lhe dinheiro.
143. Você usou dinheiro para trazer até si alguém de quem gostava.
144. Você usou dinheiro para mandar embora alguém de quem não gostava.
145. Você viveu bem e em paz por causa de sua riqueza.
146. Você foi respeitado por causa de sua riqueza.
147. Você foi pago muito antes do esperado.
148. Alguém rico viveu muito tempo.
149. Alguém rico era gentil.
150. Alguém rico era amigável.
151. Alguém rico era honesto.
152. Alguém rico vivia com boa saúde.
153. Você viu algo caro e desejável e o conseguiu para si.

154. As pessoas olhavam para você e acreditavam que você era rico.
155. Você ganhou dinheiro fazendo algo fácil.
156. Você ganhou dinheiro fazendo algo que era difícil.
157. Você ganhou dinheiro fazendo algo que estava qualificado para fazer.
158. Você ganhou dinheiro fazendo algo que não estava qualificado para fazer.
159. Você escutou uma voz agradável falando sobre riqueza.
160. Você escutou a água correndo em uma casa rica.
161. Você sentiu o calor de uma lareira em uma casa rica.
162. Você escutou o vento enquanto estava em uma casa rica.
163. Você escutou uma porta abrindo em uma casa rica.
164. Alguém rico o admirou.
165. Você escutou uma criança rica rindo.
166. Você conheceu uma pessoa boa e rica.
167. Você conheceu uma pessoa feliz e rica.
168. Você ganhou dinheiro por ser antagônico.
169. Você ganhou dinheiro sendo mais amigável.
170. Você admirou algo que uma pessoa rica tinha.
171. Você atacou alguém com sucesso e teve sorte.
172. Uma pessoa rica dependia de você para ter sucesso.
173. Uma empresa dependia de você para ter sucesso.
174. Alguém que você admirava lhe ofereceu dinheiro.
175. Você esperava dinheiro e o conseguiu.
176. Você recusou dinheiro, mas mesmo assim o recebeu.
177. Você estava "apegado" a algo digno.
178. Você se sentiu enérgico enquanto trabalhava por dinheiro.
179. Você se sentiu confiante com quanto dinheiro ganhou.
180. Uma cidade fez você se sentir rico.
181. Uma cidade fez você se sentir pobre.
182. Você influenciou alguém a ganhar mais dinheiro.
183. Você impediu alguém de perder dinheiro.
184. Você ajudou uma pessoa pobre a ficar rica.
185. Você impediu uma empresa de perder dinheiro.
186. Você produziu algo de valor para alguém.
187. Você ficou feliz em evitar uma discussão sobre dinheiro.

188. Você gostou do silêncio enquanto sentia abundância.
189. Você gostou do som dos pássaros cantando enquanto se sentia rico.
190. Você se sentiu bem com a solidão enquanto trabalhava por dinheiro.
191. Você foi dormir sentindo que criou riqueza suficiente.
192. Você achou que estava um dia bonito e tinha muito dinheiro.
193. Você se recusou a trabalhar porque tinha dinheiro suficiente.
194. Você surpreendeu alguém ficando mais rico.
195. Você contribuiu com seu dinheiro para alguma coisa.
196. Você finalmente se livrou de algo desperdiçando seu dinheiro.
197. Você finalmente se livrou de alguém desperdiçando seu dinheiro.
198. Você impediu que alguém fosse roubado.
199. Você impediu alguém de perder dinheiro.
200. Alguém entendeu suas idéias para aumentar a riqueza.
201. Você se sentiu enérgico com mais dinheiro.
202. Você produziu algo de valor.
203. Você aproveitou um pouco de energia para ganhar mais dinheiro.
204. Você ficou feliz por estar com um amigo que era rico.
205. Você percebeu que sua sorte era boa e poderia atrair dinheiro.
206. Você superou o antagonismo e ganhou mais dinheiro por causa disso.
207. Você foi capaz de ver a diferença entre uma boa e uma má idéia.
208. Um parente estava orgulhoso de você por ganhar mais dinheiro.
209. Alguém foi fiel a você e ajudou você a ficar rico.
210. Você recebeu um telefonema agradável oferecendo-lhe dinheiro.
211. Você descobriu que tinha influência no aumento dos lucros.
212. Você era ambicioso e ganhou dinheiro por causa disso.
213. Muitos estavam orgulhosos de suas realizações.
214. Você foi admirado por sua capacidade para ganhar dinheiro.
215. Você ajudou uma empresa a aumentar os lucros.
216. Você ajudou um empresário a ganhar mais dinheiro.
217. Você manteve um segredo sobre como ganhar dinheiro.
218. Alguém acreditou na sua capacidade de ganhar dinheiro.
219. Você entendeu como conseguir mais dinheiro.
220. Alguém apreciou sua capacidade de tomar boas decisões.
221. Alguém precisava de você por causa de dinheiro.
222. Você foi convidado por causa de sua experiência com sucesso.

223. Você se achou necessário para ajudar a aumentar os lucros.
224. Você venceu uma luta e ganhou dinheiro por causa disso.
225. Você acreditou em algo e ganhou dinheiro por causa disso.
226. Você resgatou alguém da pobreza.
227. Alguém ficou feliz por você estar lá para ajudar a salvar a empresa.
228. Você conquistou a tristeza e ganhou mais dinheiro.
229. Você conquistou a apatia e ganhou mais dinheiro.
230. Você venceu a depressão e ganhou mais dinheiro.
231. Você conquistou seu ressentimento e raiva e ganhou mais dinheiro.
232. Você venceu o caos e a confusão e ganhou mais dinheiro.
233. Você foi recompensado com mais dinheiro.
234. Eles descobriram que você era valioso.
235. Você não estava mais infeliz porque ficou mais rico.
236. Você precisava ir embora de algum lugar para ganhar mais dinheiro.
237. Você conseguiu uma oferta de emprego melhor em outra cidade ou país e a aceitou.
238. Você ficou feliz em cumprimentar os donos de uma empresa.
239. Você foi fiel ao seu propósito e ganhou mais dinheiro.
240. Você seguiu seus sonhos e conseguiu o que queria.
241. Você teve tempo de sobra para ganhar dinheiro.
242. Você descobriu que não tinha preguiça de ganhar dinheiro.
243. Eles descobriram que você não era ignorante sobre dinheiro.
244. Você fez o impossível e conseguiu mais dinheiro.
245. Você não precisava se preocupar com a renda no final do mês.
246. Você tinha uma boa casa porque tinha dinheiro para a pagar.
247. Você descobriu que ganhar dinheiro era fácil.
248. Eles tinham confiança em sua capacidade para atrair riqueza.
249. Eles admitiram que você era inteligente em criar riqueza.
250. Você descobriu que não precisava se preocupar com dinheiro.
251. A esperança valeu a pena e você conseguiu mais dinheiro.
252. Sua fé em seu plano resultou em mais dinheiro.
253. Eles não acreditavam que você conseguiria, mas você conseguiu.
254. Você se sentou numa postura muito reta porque se sentia rico.
255. Você comeu uma refeição boa e cara porque podia pagar.
256. Você estava gostando de ganhar dinheiro.

257. Você estava relaxado enquanto trabalhava por dinheiro.
258. Suas mãos fizeram algo rentável.
259. Você sabia que parecia bem porque parecia rico.
260. Você estava correndo com a sensação de ser rico.
261. Você estava andando e se sentindo rico.
262. Você gostou de viajar porque tinha dinheiro para gastar.
263. Você gostava de ficar parado porque se sentia rico.
264. Você aproveitou as férias em uma cidade cara porque podia pagar.
265. Você aproveitou as férias na praia porque se sentia rico.
266. Você lidou com um objetivo complicado com êxito e ganhou dinheiro.
267. Você fez as malas sabendo que tinha muito dinheiro na sua conta bancária.
268. Você aproveitou a manhã porque se sentiu rico.
269. Você dançou porque se sentia rico.
270. Você gostou da noite porque se sentiu rico.
271. Você gostou da companhia de outras pessoas porque se sentia rico.
272. Você se sentiu inteligente porque era rico.
273. Você divertia as pessoas porque se sentia feliz com a riqueza.
274. Alguém queria passar um tempo com você porque você parecia rico.
275. Você gostou de ver a chuva cair porque se sentia rico.
276. Você fez alguém feliz porque tinha dinheiro.
277. Você orou por uma certa quantia de dinheiro e a conseguiu obter.
278. Você orou por um certo estilo de vida e o conseguiu obter.
279. Alguém de quem você não gostava se afastou porque se ressentiu do seu sucesso.
280. Alguém de quem você gostava entrou na sua vida porque teve sucesso.
281. Você gostou de ficar sentado e se sentir rico.
282. Você gostou da vista que tinha de uma janela porque se sentia rico.
283. Você dirigia um bom carro e se sentia rico fazendo isso.
284. Você estava feliz por ser mais rico que os outros.
285. Você queria ficar e ficou porque tinha dinheiro.
286. Você queria ir embora e foi porque tinha dinheiro.
287. Você adquiriu algo caro que queria.
288. Você estava orgulhoso de ter algo caro.
289. Alguém que queria você pobre se afastou de você.

290. Alguém que acreditou que você nunca seria rico abandonou sua vida.
291. Você manteve alguém em sua vida usando dinheiro.
292. Você controlou alguém porque tinha dinheiro.
293. Você pagou alguém pelos serviços prestados a você.
294. Você lucrou com o trabalho de outra pessoa.
295. Você escapou de um espaço perigoso porque tinha dinheiro.
296. Você desafiou as instruções que lhe foram dadas e ganhou mais dinheiro por causa disso.
297. Você encontrou alguém que queria porque tinha dinheiro.
298. Você adquiriu dinheiro que não deveria ter e o guardou.
299. Você voltou para algo de que havia sido expulso e lucrou.
300. Você estava certo em desobedecer a alguém e ficou mais rico por causa disso.
301. Você leu um livro proibido e ficou mais rico.
302. Você encontrou uma ideia lucrativa que estava escondida de você.
303. Você estava certo e eles estavam errados sobre o dinheiro.
304. Você intimidou alguém para lhe dar dinheiro.
305. Você descobriu que não precisava necessariamente dormir à noite e poderia continuar trabalhando.
306. Você encontrou dinheiro que não sabia que estava lá.
307. Você e uma pessoa de quem gostava se envolveram em uma ação lucrativa.
308. Uma pessoa mais rica de quem você gostou ajudou você.
309. Você ficou feliz por estar sozinho, ganhando dinheiro.
310. Alguém ajudou sua ambição de ser mais rico.
311. Você estava entre pessoas mais ricas que você.
312. Uma pessoa rica o entretinha e divertia.
313. Você finalmente não precisava se preocupar em ganhar dinheiro.
314. Você descobriu que não precisava se envergonhar de sua riqueza.
315. Alguém de quem você gostou deu-lhe dinheiro.
316. Você era atraente para alguém mais rico que você.
317. Você começou uma amizade com alguém rico.
318. Você gostou de alguém que era negro e rico.
319. Você gostou de alguém que era branco e rico.
320. Você gostava de alguém que era latino e rico.

321. Você gostou de alguém que era árabe e rico.
322. Ninguém poderia incomodá-lo enquanto você estava ocupado ganhando dinheiro.
323. Você chegou ao fundo e depois começou a ganhar dinheiro novamente.
324. Você trouxe para alguém um presente caro.
325. Alguém o ajudou a construir algo que o tornou mais rico.
326. Alguém o beijou porque você era rico.
327. Você atendeu uma chamada que pretendia lhe dar dinheiro.
328. Você recebeu uma mensagem sobre dinheiro que ganhou.
329. Você gostou de ser descuidado com dinheiro.
330. Você aplicou conhecimento espiritual nas suas finanças e enriqueceu.
331. Alguém acreditava que você era esperto em ganhar dinheiro.
332. Você se sentia confortável com uma pessoa rica.
333. As pessoas confiavam em sua capacidade para enriquecer.
334. As pessoas perceberam que você tinha coragem para ganhar dinheiro.
335. Você criou um grupo de pessoas ricas.
336. Seu desejo de riqueza foi atendido.
337. Você abandonou uma pessoa que não queria que fosse bem-sucedido.
338. Um inimigo do seu estilo de vida bem-sucedido o abandonou.
339. Você levou um inimigo de sua riqueza ao desespero.
340. Sua determinação venceu e você ficou mais rico.
341. Você poderia ver a diferença entre pobreza e riqueza.
342. Você descobriu que estava certo em desconfiar de alguém sobre questões financeiras.
343. Você não tinha dúvida da intenção de alguém em torná-lo mais rico.
344. Você não tinha dúvida da intenção de alguém em torná-lo mais pobre.
345. Seu esforço foi recompensado com mais dinheiro.
346. Você encorajou alguém a ser mais rico.
347. Você pôs fim a uma vida de escassez e pobreza.
348. Você sabia que tinha riqueza suficiente e agiu nessa premissa.
349. Você era igual a quem era rico.
350. Você descobriu que não precisava mais ter medo de ser rico.
351. Você alimentou alguém porque tinha dinheiro para ajudar.
352. Você alimentou animais porque tinha dinheiro para gastar.

353. Você descobriu que seus inimigos eram pobres.
354. As pessoas que você amava o magoaram por causa do ciúme.
355. As pessoas em quem confiou o machucaram por causa do ciúme.
356. Você usou a força em uma pessoa rica com sucesso.
357. Você percebeu que estava livre de preocupações sobre dinheiro.
358. Você percebeu que estava livre de precisar de um emprego.
359. As pessoas acharam você era generoso com seu dinheiro.
360. As pessoas fizeram você feliz por ser rico.
361. Você pagou por um seminário para aprender como ganhar dinheiro.
362. Você descobriu que é interessante nas suas explicações sobre dinheiro.
363. Você fez alguém feliz com algo que você vendeu.
364. Alguém ficou mais rico com algo que você disse.
365. Você descobriu que poderia ter amor e dinheiro ao mesmo tempo.
366. Você descobriu que poderia ser rico e saudável ao mesmo tempo.
367. Sua sorte em atrair dinheiro foi excelente.
368. Você decidiu não se casar porque essa pessoa o deixaria mais pobre.
369. Você deu a alguém que amava um presente caro.
370. Você impediu que alguém perdesse dinheiro.
371. Eles descobriram que você poderia ganhar dinheiro.
372. Alguém estava orgulhoso de sua capacidade para atrair dinheiro.
373. Você descobriu que seus arrependimentos devido ao dinheiro foram em vão.
374. Alguém disse que você se parecia com alguém rico.
375. Você conseguiu criar riqueza, apesar da opinião das pessoas.
376. Sua pesquisa foi recompensada com mais riqueza.
377. Você percebeu que sua vergonha em ter riqueza não era necessária.
378. Sua ansiedade sobre o dinheiro não tinha motivos de existir.
379. Seus medos sobre dinheiro não eram necessários.
380. Sua culpa devido ao dinheiro não tinha que existir.
381. Alguém tinha que respeitar seus direitos de propriedade.
382. Você descobriu a diferença entre "não" e "agora" no que diz respeito ao aumento de lucros.
383. Você descobriu a diferença entre "não" e "saber" como em compreender, no que diz respeito ao aumento de lucros.
384. Eles descobriram o quanto você era valioso.

385. Você caminhou com alguém rico.
386. Você bebeu com alguém rico.
387. Alguém admirou algo caro que você tinha.
388. Alguém ajudou você a ganhar mais dinheiro.
389. Você surpreendeu as pessoas com algo caro.
390. Você atacou algo que ameaçou suas finanças e fez isso com sucesso.
391. Você atacou o proprietário de uma empresa e recuperou seu dinheiro.
392. Você encantou alguém com sua riqueza.
393. Você ficou confiante em sua capacidade para ganhar mais dinheiro.
394. Você ficou feliz em receber o dinheiro que merecia.
395. Você fez algo para conseguir dinheiro que outros consideraram muito difícil.
396. Você estava animado por ter mais dinheiro.
397. Você ganhou dinheiro rapidamente.
398. Você superou o medo de ser rico.
399. Você estava orgulhoso de seus bens.
400. Você se apressou em conseguir dinheiro e conseguiu.
401. Você imaginou uma nova maneira de ganhar dinheiro e ganhou.
402. Você sonhava em ter mais dinheiro e conseguiu isso.
403. Você assistiu ao dinheiro entrando em sua vida.
404. Você gostou de ver sua conta bancária crescendo.
405. Você beijou sua própria mão porque se sentia rico.
406. Você jogou dinheiro no ar porque se sentia rico.
407. Você descobriu a origem do dinheiro.
408. Um objeto fez você se sentir rico.
409. Você ficou feliz em receber dinheiro.
410. Você levou seu dinheiro para segurança.
411. Você convenceu alguém do valor do seu trabalho.
412. Você estava agradavelmente sozinho trabalhando por dinheiro.
413. Você ficou feliz com o nascer do sol porque se sentiu rico.
414. Você teve que desistir de uma carreira para ganhar mais dinheiro.
415. Você teve que desistir de um hobby para ganhar mais dinheiro.
416. Você teve que desistir de um sonho para ganhar mais dinheiro.
417. Você teve que desistir de um relacionamento para ganhar mais dinheiro.

418. Alguém que você admirou lhe mostrou como ganhar dinheiro.
419. Alguém que você amou lhe mostrou como ganhar dinheiro.
420. Alguém o fez cuidar do dinheiro deles.
421. Você foi corrigido sobre o dinheiro "para seu próprio bem".
422. Alguém tentou impedi-lo de ganhar dinheiro, mas você continuou.
423. Você descobriu que outras pessoas não eram mais sábias do que você sobre dinheiro.
424. Todo mundo pensou que você estava errado sobre dinheiro, mas descobriu que estava certo.
425. Você estava realmente se divertindo porque tinha muito dinheiro para gastar.
426. Você desenhou um plano para ganhar mais dinheiro e as pessoas o seguiram.
427. Você ajudou uma pessoa de quem você gostava a ganhar mais dinheiro.
428. Você viu uma pessoa de quem não gostava ficar mais pobre.
429. Você foi classificado como rico por uma pessoa pobre.
430. Você foi classificado como rico por uma pessoa rica.

Etapa 3: Aumentando Seu Poder Magnético

O objetivo deste exercício consiste em aumentar o poder magnético da sua mente para atrair riqueza. Pois todos nós temos uma certa força magnética. Até um mendigo tem isso, operando em uma frequência muito baixa, relacionado à sua sobrevivência básica.

Este campo magnético é composto por crenças e emoções. E podemos controlar nossas crenças com educação e uma reprogramação de nossos pensamentos, mas dificilmente podemos reprogramar nossas emoções, e estas são muito mais poderosas, até cinco mil vezes mais que nossos pensamentos.

Para conseguir isso, precisamos exercitar nossas emoções como se estivéssemos indo à academia para treinar nosso corpo. Portanto, você deve usar este exercício como uma academia mental, para aumentar sua capacidade em se sentir bem com o dinheiro e a riqueza em geral.

Em relação aos reforços positivos, lembre-se de um momento em que...

1. Uma pessoa rica estava se divertindo em ganhar dinheiro.
2. Uma atividade emocionante era tornar as pessoas ricas.
3. Um milionário estava empolgado com seus negócios.
4. Alguém rico era bonito.
5. Alguém rico estava bem vestido.
6. Você viu uma bela casa de uma pessoa rica.
7. Alguém estava feliz com um negócio muito lucrativo.
8. Alguém estava interessado em uma idéia lucrativa.
9. Alguém rico estava interessado em você.
10. Alguém rico estava apaixonado por você.
11. Alguém rico pensou que você era inteligente.
12. Alguém rico pensou que você poderia ajudar a ganhar dinheiro.
13. Alguém rico fez algo que você gosta de fazer.
14. Alguém rico concordou com você.
15. Alguém rico o copiou.
16. Alguém rico pediu sua opinião.

17. Alguém rico seguiu você.
18. Alguém rico dependia de você.
19. Alguém rico pensou que você era compassivo.
20. Alguém rico pensou que você estava se importando.
21. Alguém rico pensou que você era bom.
22. Alguém rico achou que você era útil.
23. Alguém rico pensou que você era responsável.
24. Alguém rico pensou que você era carismático.
25. Alguém rico pensou que você era humilde.
26. Alguém rico pensou que você estava apoiando outros.
27. Alguém rico pensou que você era honesto.
28. Alguém rico pensou que você era inteligente.
29. Alguém rico pensou que você era amigável.
30. Alguém rico pensou que você era educado.
31. Alguém rico pensou que você era mentalmente saudável.
32. Alguém rico pensou que você era alegre.
33. Alguém rico pensou que você o fez se sentir seguro.
34. Alguém rico pensou que você merecia muito mais.
35. Alguém rico pensou que você também deveria ser rico.

Agora, no que diz respeito aos reforços negativos, lembre-se de um momento em que...

1. Alguém pobre não estava interessado em você.
2. Alguém pobre rejeitou um relacionamento com você.
3. Alguém pobre pensou que você não poderia ajudar a ganhar dinheiro.
4. Alguém pobre estava discordando de você.
5. Alguém pobre estava te ignorando.
6. Alguém pobre rejeitou sua opinião.
7. Alguém pobre te traiu.
8. Alguém pobre pensou que você era egoísta.
9. Alguém pobre pensou que você era ganancioso.
10. Alguém pobre pensou que você era mau.
11. Alguém pobre pensou que você era manipulador.
12. Alguém pobre pensou que você estava controlando.

13. Alguém pobre pensou que você era emocionalmente abusivo.
14. Alguém pobre pensou que você era arrogante.
15. Alguém pobre pensou que você estava enganando os outros.
16. Alguém pobre pensou que você estava roubando dinheiro.
17. Alguém pobre pensou que você era um criminoso.
18. Alguém pobre pensou que você era mentiroso.
19. Alguém pobre pensou que você era estúpido.
20. Alguém pobre pensou que você não era amigável.
21. Alguém pobre pensou que você era rude.
22. Alguém pobre pensou que você era louco.
23. Alguém pobre pensou que você era assustador.
24. Alguém pobre pensou que você era perigoso.
25. Alguém pobre pensou que você não merecia o que tinha.

Etapa 4: Reabilitando Sua imaginação

Agora que você respondeu às perguntas anteriores e ficou mais consciente do que o impede de ficar rico, prosseguiremos reabilitando sua capacidade em usar sua imaginação para atrair riqueza.

Por favor, lembre-se de um momento em sua vida, quando...

- Você previu como o dinheiro deveria ser ganho e organizou sua vida de acordo.

- Você se imaginou rico e trabalhou para isso.

- Você fez uma obra-prima de sua criação que lhe deu mais dinheiro.

- Você viu o dinheiro se manifestar em sua vida tal como imaginou.

- Você imaginou dinheiro e atraiu uma oportunidade para o obter.

- Sua visão foi complementada com mais riqueza.

- Você obteve lucro com sua imaginação.

- Você notou alguém ganhando dinheiro da mesma maneira que você.

- Você encontrou alguém rico usando um maneirismo que você usou.

- Você adotou um maneirismo de uma pessoa rica.

- Você fez caretas como um homem rico ou mulher rica para si mesmo no espelho.

- Você decidiu ser completamente diferente de uma pessoa pobre.

- Você decidiu ser semelhante a uma pessoa rica.

Agora, feche os olhos e imagine-se tendo uma conversa com alguém que você conhece no futuro e contando a essa pessoa o que você fez. A conversa deve parecer realista para você e incluir todas as coisas que espera alcançar.

Se fizer este exercício corretamente, provavelmente se encontrará em uma situação de Déjà vu com esse indivíduo e descreverá o mesmo depois de realizá-lo.

Depois de terminar, repita o mesmo exercício com cinco pessoas diferentes da sua vida em sua imaginação.

Etapa 5: Realinhando Seu Espírito

O exercício a seguir pretende ir mais fundo que os anteriores, desta vez mudando todo o seu futuro nesta vida e na próxima. O objetivo aqui é abordar suas questões financeiras em um nível espiritual, observando diferentes áreas do seu desenvolvimento espiritual. E você pode se lembrar de memórias de vidas passadas ao fazê-lo, mas não se preocupe com isso, e simplesmente continue trabalhando com as listas mostradas.

Nível 1: A Escala das Emoções Humanas:

Lembre-se de um momento em que...

- Você se sentiu apático porque não tinha dinheiro.
- Você estava chorando por falta de dinheiro.
- Você estava com medo de perder todo o seu dinheiro.
- Você ficou com raiva porque alguém pegou seu dinheiro.
- Você esta contra um grupo porque eles queriam seu dinheiro.
- Você estava entediado porque não tinha dinheiro suficiente para gastar.
- Você sentiu que seu salário era suficiente para pagar aluguel e outras despesas.
- Você sentiu que merecia um salário mais alto.
- Você estava alegre com quanto dinheiro estava ganhando.
- Você estava empolgado e orgulhoso de ganhar mais dinheiro do que outros.

Nível 2: A Escala dos Chakras:

Lembre-se de um momento em que...

- Chakra Raiz: Você ganhou dinheiro porque estava na cidade certa.

- Chakra Sacral: Você ganhou dinheiro porque as pessoas estavam sexualmente atraídas por você.

- Chakra do Plexo Solar: Você ganhou dinheiro sendo um líder.

- Chakra do Coração: Você recebeu dinheiro porque as pessoas o amavam.

- Chakra da Laringe: Você ganhou dinheiro conversando com outras pessoas.

- Chakra do Terceiro Olho: Você ganhou dinheiro sendo criativo.

- Chakra da Coroa: Você ganhou dinheiro com uma ideia.

Nível 3: A Escala de Influência Pessoal:

Lembre-se de um momento em que...

- Eu: Você fez algo que queria e ganhou dinheiro.

- Família: Você ajudou sua família a obter mais dinheiro.

- Grupo: Você ajudou seus amigos a ficarem mais ricos.

- Humanidade: Você ajudou um estranho.

- Natureza: Você deu comida aos animais.

- Planeta: Você ajudou o planeta reciclando.

- Espírito: Você melhorou-se através de uma atividade religiosa.

- Deus: Você fez algo que sentiu que Deus queria de você.

Etapa 6: Reescrevendo Seu Karma

Muitas vezes, a razão pela qual não podemos ser ricos, é porque as pessoas que mais amamos, respeitamos, ou com as quais nos associamos, por qualquer motivo, não querem que sejamos ricos, não acreditam que podemos ser ricos, ou simplesmente não confiam em nossa capacidade para ter sucesso, ou não acreditam que merecemos isso. E é porque subconscientemente tememos as consequências de trair suas crenças, que acabamos sabotando nossos resultados, especialmente se são membros da família ou alguém com quem convivemos.

Se você seguiu os exercícios anteriores de maneira eficaz, poderá responder às seguintes perguntas. Caso contrário, volte às listas anteriores até que isso seja possível. Você notará que, à medida que se sentir melhor consigo mesmo e mais capaz, identificar quem está contra seus objetivos de se tornar mais rico será mais fácil. Muitos deles, como explicado anteriormente, começarão a se mostrar removendo a máscara à sua frente, geralmente na forma de insultos. É quando você percebe, se tinha alguma dúvida antes, o que as outras pessoas realmente pensam de você e qual é a intenção oculta delas por trás das palavras.

À medida que a verdade se torna mais evidente, e à medida que os "bloqueadores de dinheiro" são removidos ou se removem a eles mesmos, as pessoas que apóiam seus objetivos também começam a se manifestar e a querer passar mais tempo com você. Os mundos interno e externo estão relacionados, pelo que você realmente não precisa fazer uma pesquisa intensiva sobre as intenções daqueles que o cercam. Tudo o que precisa fazer é trabalhar com você mesmo usando este livro.

Ao remover os bloqueios mentais de si mesmo, aqueles que estão em sua vida —porque a presença deles é justificada por tais crenças e emoções subconscientes — desaparecerão. E lamento dizer, mas se for sua esposa, ela poderá encontrar alguém para traí-lo, poderá sabotar o relacionamento e terminar o casamento, ou poderá realmente morrer.

Tive namoradas que, por tentarem me impedir enquanto trabalhava em mim mesmo, criaram um enorme dano em si. Uma delas me aplicou feitiços mágicos — que ela aprendeu com a mãe, que trabalha como bruxa profissional — e os feitiços saíram pela culatra, primeiro consumindo a energia de seu corpo e fazendo-a parecer vinte anos mais velha do que era, em apenas alguns meses, e depois fazendo com que ela perdesse o emprego.

Outra, tentando me fazer perder meu dinheiro, enquanto usava a lei da atração para conseguir mais, teve um câncer. E a última, teve que ser operada de urgência depois que um cisto rebentou em seu corpo.

Eu já disse a essa última garota que ela pode morrer, se ela insistir em voltar à minha vida enquanto tenta me fazer parar de alcançar meus objetivos. Mas, como a maioria das pessoas não entende como a vida funciona, cometem suicídio ao se conduzir contra uma parede de mudanças.

Eu mudo extremamente rápido, devido à quantidade de conhecimento que tenho sobre mágica e mente, mas outras pessoas não, porque não possuem esse conhecimento. Portanto, quando estou mudando, elas geralmente não estão preparadas para isso e insistem em me impedir de todas as maneiras que consideram possíveis, acabando atraindo mais danos para si mesmas.

Isso é algo que você dificilmente poderá explicar a alguém. No entanto, quanto mais você aplicar estes exercícios, mais notará a vida das pessoas ao seu redor mudando para facilitar a sua. Dito isto, vamos prosseguir com as próximas perguntas.

Lista 1: Reescrevendo Sua Identidade Kármica:

No que respeita a seus pensamentos sobre dinheiro, responda o seguinte:

- Com quem você mais se parece? Quem disse isso?
- Quem costumava ter medo de dinheiro?
- Quem nunca deveria ter chegado a lugar algum na vida?
- Quem o associou demais às pessoas pobres?

- Quem você mais gostaria de ser? Por quê?

- Quem você mais odiaria ser? Por quê?

- Quem insinuou que você não era nada?

- Quem lisonjeou você por ser bom em ganhar dinheiro?

- Quem te ajudou a ganhar dinheiro?

- Quem disse que você nunca seria rico?

- Quem disse que você não poderia ser rico?

- Quem disse que você deveria ser pobre?

- Quem queria que você permanecesse pobre?

Lista 2: Reescrevendo Suas Emoções com Intenção:

No que respeita a suas emoções em relação ao dinheiro, responda o seguinte:

- Quando você não se sentiu apoiado? Por quê? Quantos anos você tinha?

- Quando você se sentiu mais pobre que os outros? Por quê? Quantos anos você tinha?

- Quando você sentiu que não poderia ser rico? Por quê? Quantos anos você tinha?

- Quando você sentiu que nunca seria rico? Por quê? Quantos anos você tinha?

Lista 3: Reescrevendo Sua Autoestima:

É comum aqueles que foram criados por pais narcisistas sentirem-se indignos. Eles geralmente nos fazem sentir dessa maneira, usando invalidação, desdém, desprezo e inveja.

Para se recuperar desses programas, lembre-se de um momento em que alguém lhe disse ou sugeriu o seguinte:

1. "Eu te amo porque você é meu filho, mas não gosto de você como pessoa."
2. "Amo você, mas não gosto do que você faz."
3. "Eu amo você, mas não gosto de como você pensa."
4. "Eu te amo, mas você é muito estúpido."
5. "Você é como seu pai."
6. "Você é como sua mãe."
7. "Você é como ... (agora preencha o espaço em branco com o nome de alguém odiado).
8. "Outros pais têm mais sorte do que nós."
9. "Outras famílias são melhores que a nossa."

Agora, lembre-se de um momento em que...

- Foi-lhe dito que você não era suficiente.

- Foi-lhe dito que você não é amável.

- Foi-lhe dito que você não merece ser amado.

- Foi-lhe dito que você não pode ser amado.

- Foi-lhe dito que você não é normal.

- Foi-lhe dito que você é mau.

Lista 4: Eliminando Crenças Limitantes:

Agora, entenda suas crenças limitantes completando as seguintes frases:

1. Não posso ter a quantidade de dinheiro que quero na minha vida porque ...
2. Eu posso ter a quantidade de dinheiro que quero, porque ...
3. Não consigo ter sucesso porque ...
4. Eu posso ser bem sucedido porque ...

5. Não mereço ter sucesso porque ...
6. Eu mereço ter sucesso porque...
7. Não mereço ser milionário porque ...
8. Eu mereço ser milionário porque ...

Lista 5: Redefinindo Sua Relação Kármica com o Dinheiro:

Para este exercício, quero que você escreva uma carta para o dinheiro, como se fosse seu amigo ou amante. Fale sobre suas emoções e sentimentos, com base no que aprendeu sobre si mesmo fazendo todos os exercícios anteriores. Comece com o seguinte:

Caro dinheiro, peço perdão,...

Lista 6: Esclarecendo Seu Relacionamento com Deus e a Abundância:

Repita o exercício anterior escrevendo uma carta para Deus.

Ao escrever sua carta, responda o seguinte:

- Por que você quer mais dinheiro?
- Quanto dinheiro você quer?
- Como você vai usar o dinheiro que receber?
- Por que essa quantidade de dinheiro é importante para você?
- Por que você acha que merece isso?
- Como você vai investir o dinheiro?
- Como você tratará as pessoas se ficar mais rico?
- Como você tratará os pobres se tiver abundância?
- Como você cumprirá seu caminho espiritual tendo mais dinheiro?
- Como você vai lidar com sua personalidade com mais dinheiro?
- Como você enfrentará seu passado quando tiver mais dinheiro?

- Como você enfrentará seus medos se tiver mais dinheiro?
- Como você enfrentará seus inimigos se tiver mais dinheiro?
- Como você conversará com sua família se tiver mais dinheiro?
- Como você encontrará ou aceitará o amor se tiver mais dinheiro?
- Que tipo de pessoa você deseja ser se tiver mais dinheiro?
- Onde você quer morar se for mais rico?

Comece sua carta escrevendo o seguinte:

Querido Deus, por favor me envie mais dinheiro porque...

Etapa 7: Abrindo Portais Quânticos

Agora que você removeu os bloqueios ao dinheiro da sua mente, ao identificar quais estavam contra o seu sucesso, chegou o momento de expandir o seu potencial para que mais oportunidades se manifestem em sua vida.

Complete as frases seguintes, fechando os olhos e depois repetindo as respostas para si mesmo, transformando essas respostas em mantras. Enquanto as repete, visualize o que você diz em sua mente. Porque, ao fazer isso, sua vibração para atrair o que deseja também aumenta.

Após algumas semanas de repetição do programa descrito aqui, você deverá ter mais clareza sobre o que deseja, o que lhe permite ter mais certeza do que deseja gravar com sua voz. Agora você deve gravar uma "chamada de despertar" com intervalos de seis horas, usando o mesmo som de uma chamada normal; e toda vez que tocar em público no seu celular, simplesmente finja que está atendendo uma chamada de alguém, vá para um local isolado e ouça sua própria gravação de voz. Sua gravação deve conter o que você deseja manifestar terminando as seguintes frases:

- Eu penso que se não sou rico é porque ...

- Eu penso que ser mais rico é melhor porque ...

- Eu penso que a riqueza pode me trazer sofrimento se ...

- Eu penso que a riqueza pode me trazer felicidade se ...

- Eu penso que a riqueza pode me trazer amor se ...

- Eu penso que a riqueza pode me deixar sozinho se ...

- Eu imagino um futuro com abundância ao lado de um cônjuge que....

- Eu imagino um futuro com abundância e amigos que....

- Eu imagino um futuro com abundância trabalhando...

- Eu penso comprar uma casa que tenha...

- Eu penso comprar um carro que...

- Eu penso viajar para...

Passo 8: Mantras Para a Abundância

O objetivo deste exercício consiste em fortalecer sua autoconfiança todos os dias com o uso de mantras. Tudo o que você precisa fazer é escolher um elemento para se concentrar, seja com as mãos ou com uma bracelete budista, para contar quantas vezes você repete cada mantra.

Você deve escolher um dos seguintes mantras para repetir cem vezes por dia:

- Eu amo dinheiro e o dinheiro me ama.

- Deus me quer rico e continua me enviando mais dinheiro.

- Deus está sempre me enviando boas idéias para aumentar meu lucro.

- É muito fácil ganhar dinheiro e estou ficando mais rico.

- É fácil me tornar um milionário.

- Sou grato pelos vinte mil dólares que recebo todos os meses.

- Sou grato pelos setenta mil dólares que recebo todos os meses.

- Sou grato pelos relacionamentos perfeitos que tenho hoje, pois reforçam minha capacidade de me tornar rico.

- Sou grato por poder ganhar dinheiro suficiente para viajar para qualquer país que desejar.

- Sou grato por ganhar dinheiro suficiente para levar as pessoas que amo a desfrutar de férias.

- Sinto-me feliz por ter uma vida feliz com muitas pessoas que me respeitam e gostam de me ver crescendo com mais riqueza.

- Sou grato pelos muitos amigos ricos que sempre me ensinam mais sobre dinheiro.

- Meu trabalho ajuda milhares de pessoas que querem me dar dinheiro para ajudá-las.

- As pessoas veem valor no meu trabalho e sempre querem me dar dinheiro.

- Recebo milhões de dólares todos os meses porque ajudo outras pessoas.

- Recebo milhares de dólares todos os meses e inesperadamente.

- Meu negócio traz mais de quinhentos mil dólares para minha vida todos os anos.

- Tudo o que faço é um sucesso.

- Tudo o que faço traz mais dinheiro para minha vida.

- Minhas decisões me aproximam da riqueza.

Etapa 9: Eliminando Crenças Negativas

Neste momento, você já deve se sentir em um estado de espírito muito positivo no que diz respeito a atrair dinheiro. No entanto, quero lhe oferecer outro exercício, desta vez para eliminar quaisquer crenças negativas que você ainda possa ter.

Parte Um:

- Pense na primeira vez que você sentiu que não seria rico.

- Identifique quantos anos você tinha e o que estava ocorrendo.

- Descreva o que estava vendo, tocando, ouvindo, cheirando ou provando.

- Quem passou essa energia e crença de escassez para você?

- Qual é a emoção ligada a isso? Descreva seus sentimentos!

- Identifique em que parte do seu corpo essa energia é mais forte.

- Agora escolha um número de um a dez que descreva a intensidade da emoção.

- Concentre-se nessa parte do seu corpo enquanto ora a Deus pela cura divina.

- Repita "me cure!", Enquanto imagina uma luz branca limpando essa área do seu corpo.

- Agora escolha um número de um a dez para avaliar se o sentimento se foi.

- Se a sensação de escassez desaparecer, você apenas manterá uma lembrança dela. Caso contrário, repita o exercício novamente, desta vez, tentando encontrar uma memória anterior relacionada à escassez.

Parte Dois:

Repita o exercício mencionado acima, para os seguintes tópicos:

- Em que momento da vida sentiu que não poderia ganhar mais?
- Em que momento da vida sentiu que não deveria ganhar mais?
- Em que momento da vida sentiu medo de ganhar mais?

Parte Três:

Responda às seguintes perguntas com base na sua experiência com as etapas anteriores:

- O que é necessário para você se sentir apoiado na obtenção de mais riqueza?
- O que é preciso para você atrair mais riqueza?
- O que é necessário para você obter mais riqueza?

Parte Quatro:

Agora teste seus resultados com o exercício a seguir e, se o resultado negativo for superior em valor ao resultado positivo, repita todo o sistema descrito neste livro até obter um equilíbrio de 10 em sua confiança e zero em suas emoções negativas.

Vamos começar com o resultado negativo:

- Numa escala de 1 a 10, quanto é o sentimento negativo em ser rico?

- Em uma escala de 1 a 10, quanto é o sentimento negativo em atrair dinheiro?

Agora, para o resultado positivo:

- Numa escala de 1 a 10, quanto vale sua crença em sua capacidade para ser rico?

- Numa escala de 1 a 10, qual vale sua crença em seu futuro como milionário?

Parte Cinco:

- Em uma escala de 1 a 10, com que facilidade você pode se imaginar vestindo roupas caras?

- Em uma escala de 1 a 10, com que facilidade você pode se imaginar dirigindo um carro caro?

- Numa escala de 1 a 10, com que facilidade você pode se imaginar morando em uma casa cara?

- Em uma escala de 1 a 10, com que facilidade você pode se imaginar vendo dez milhões de dólares em sua conta bancária?

Etapa 10: Limpando Sua Energia Sexual

Uma das coisas que sempre me intrigou é o motivo pelo qual tantos empresários, milionários e bilionários que conheci, usam tanto a palavra "foda". E após pesquisas adicionais, cheguei a uma conclusão interessante. Primeiro, quando as pessoas estão lutando com suas finanças, seu desejo sexual diminui e, quando se sentem prósperas, seu desejo sexual aumenta. Mas porquê? A resposta parece estar no fato de que, tanto dinheiro quanto sexo, são formas de troca de energia entre seres humanos. Não é por acaso que os proprietários de empresas de sucesso afirmam ter um desejo sexual mais alto, e mesmo as mulheres que estão em cargos de gerência tendem a querer trapacear com mais frequência em seus relacionamentos. Além disso, estima-se que 53% dos homens ricos e 73% das mulheres ricas tiveram casos extraconjugais.

Existem vários outros estudos sobre este assunto que vale a pena levar em consideração, embora cite apenas dois com o objetivo de explicar este capítulo.

Primeiro, e acima de tudo, temos um estudo feito com 30 mil norte-americanos, com dados coletados ao longo de quatro décadas, sobre a relação entre sexo, felicidade e dinheiro, liderada por Amy Muise — psicóloga social da Universidade de Toronto-Mississauga no Canadá — publicado na revista Psicologia Social e Ciência da Personalidade. Curiosamente, este estudo mostra que existe uma correlação mais forte entre sexo e felicidade do que entre sexo e dinheiro, o que pode nos levar a supor que a relação entre sexo e dinheiro está realmente correlacionada com a felicidade e não pode existir sem ela. Mas esse resultado é complementado com outro, desta vez obtido na Alemanha.

Em um estudo realizado sobre "O efeito da atividade sexual nos salários", verificou-se que as pessoas que fazem sexo mais de quatro vezes por semana recebem um salário 3,2% maior do que aquelas que fazem sexo apenas uma vez por semana. O autor, Nick Drydakis, diz que "o resultado sugere que existe uma relação positiva entre atividade sexual e salário".

Esses estudos acrescentam um elemento importante que se correlaciona com outros, pois "A teoria conclui que as pessoas precisam amar e ser amadas (sexualmente e não sexualmente) por outras pessoas. Na ausência desses elementos, muitas pessoas se tornam suscetíveis à solidão, ansiedade social e depressão, o que afeta sua vida profissional."

Em outras palavras, o sexo afeta nossa felicidade, que se reflete em nossa situação financeira. E foi levando em consideração esses dados que a seguinte lista de perguntas foi criada para apagar seus bloqueios mentais relacionados ao sexo.

Lembre-se de um momento em que...

- Alguém mais rico do que você queria sexo com você.

- Alguém ficou feliz em fazer sexo com você.

- Você foi rejeitado porque queria muito sexo.

- Você rejeitou alguém porque não podia ficar satisfeito sexualmente.

- Você rejeitou uma pessoa atraente.

- Você achou que era adequado como parceiro sexual.

- Você descobriu que poderia satisfazer alguém sexualmente.

- Você foi admirado por suas qualidades sexuais.

- Você atraiu parceiros bonitos para o sexo.

- Você manteve alguém viciado em fazer sexo com você.

- Você era muito sexual para alguém.

- Você conseguiu se afastar de alguém que o invalidou sexualmente.

66 DIAS PARA MUDAR SUA VIDA

- Você descobriu que poderia conseguir melhores parceiros sexuais.

- Você se surpreendeu com sua própria persistência em atrair um parceiro.

- Você descobriu que sabia como atrair alguém.

- Você previu como o sexo deveria ser adquirido e organizou sua vida de acordo.

- Você se imaginou fazendo sexo com parceiros bonitos e trabalhou para que isso acontecesse.

- Você fez uma obra-prima e se tornou mais atraente.

- Você viu parceiros bonitos aparecendo em sua vida como você os imaginou.

- Sua visão foi complementada com mais parceiros do que você esperava.

- Você desenhou um plano para atrair mais sexo para sua vida e o seguiu.

- Você notou alguém atraindo um parceiro da mesma maneira que você.

- Você encontrou alguém copiando um maneirismo usado para atrair outras pessoas.

- Você adotou um maneirismo de uma pessoa atraente.

- Você fez caretas como uma pessoa atraente para si mesmo no espelho.

- Você decidiu agir de maneira completamente diferente das pessoas pouco atraentes.

- Você decidiu agir de maneira semelhante a uma pessoa atraente.
- Você foi classificado como atraente por alguém que não atraiu.
- Você foi classificado como atraente por alguém que conseguiu atrair.
- Alguém te convidou para sexo e você aceitou.
- Alguém te convidou para sexo e você rejeitou.
- Você convidou alguém para fazer sexo e seu convite foi aceito.

Etapa 11: Aumentando Sua Riqueza Usando Karma

Quando você começa a ver o dinheiro chegar à sua vida, precisa entender que é apenas uma forma de energia sendo materializada e precisa manter essa energia fluindo, permitindo que ela flua.

Em tempos antigos, porque a água era vista como valiosa, dinheiro e água eram elementos vistos como inter-relacionados. É por isso que tantos palácios têm fontes e símbolos fálicos em exibição, em muitos casos símbolos fálicos representados em fontes ou no meio de lagos artificiais. Água e dinheiro foram percebidos como energias que precisavam fluir e ser redirecionadas de certas maneiras, para serem obtidas e apreciadas em abundância.

Com base nesse princípio, este exercício propõe o mesmo tipo de trabalho.

Primeiro Passo - Apreciação:

Depois de perceber que está atraindo mais dinheiro do que o normal, aproveite isso, oferecendo um presente a si mesmo, como um bom jantar ou férias curtas. Mime-se com um fim de semana agradável, onde você pode aproveitar os benefícios do seu trabalho. Você deve fazer isso, pelo menos, a cada dois ou três meses. Um fim de semana relaxando sozinho ou com sua família em um novo local deve ser suficiente para fazer você se sentir próspero e grato por suas realizações.

Segundo Passo - Gratidão:

Neste caso, a fonte de sua fortuna sou eu, o autor, mesmo que esteja apenas manifestando os desejos do Criador, também conhecido como Deus ou Consciência Cósmica. Para apreciar o conhecimento recebido, você basicamente precisa retribuir a mesma gratidão em forma material. Embora um simples "obrigado" ou uma crítica positiva pareça pedir muito para a maioria das pessoas hoje em dia, o que realmente me surpreende, pois mostra como são ingratas ao serem removidas de sua miséria, esses dois exemplos são o mínimo a aplicar quando for resgatado da ignorância e guiado em direção a mais abundância.

Uma forma melhor de gratidão, no entanto, é demonstrada quando você promove a sobrevivência de quem compartilhou sua sabedoria com você. E a única maneira de fazer isso é através de compensação financeira, ou seja, doações, compras adicionais de produtos criados pela mesma pessoa ou promoções de marketing que aumentam as vendas deste livro.

Em outras palavras, depois que você perceber que este livro está lhe deixando muito mais rico do que você era, você pode doar dez por cento de sua nova renda ao autor, promover o livro a seus amigos e recomendar a compra ou simplesmente comprar a coleção inteira de autoria da mesma pessoa. Quanto mais você ajuda o autor, mais ele pode continuar ajudando o mundo e, em troca, mais você abre os portões da abundância para que o dinheiro flua em sua direção pela mesma lei kármica.

Terceiro passo - Generosidade:

O estágio final é o próprio mundo. Quanto mais dinheiro você ganha, usando o método descrito aqui, mais você deve contribuir para o bem-estar daqueles que precisam de ajuda. Neste caso, recomendo contribuir para diferentes instituições de caridade, orfanatos e também instituições de proteção animal.

Eu não recomendo contribuir para instituições religiosas e outros intermediários, porque na maioria desses casos, você realmente não sabe como o dinheiro está sendo investido.

Também não recomendo contribuir para associações relacionadas à proteção animal até que você tenha certeza de que estão investindo seu dinheiro com sabedoria, porque percebi por experiência pessoal que a grande maioria é uma farsa. Ainda me lembro de como um dia salvei uma gaivota moribunda no sul de Portugal e entrei em contato com mais de vinte instituições diferentes relacionadas à proteção animal, e todas elas me ignoraram através de diferentes tipos de respostas que basicamente se negavam a qualquer responsabilidade sobre o óbvio. Foi então, conversando sobre esse assunto com as autoridades locais, que cheguei à conclusão de que as associações de proteção animal em Portugal são todas uma farsa para obter dinheiro.

Certamente, você deve ajudar crianças e animais desprotegidos ao máximo, mas neste mundo vicioso, a maior parte do dinheiro investido em doações não termina nas mãos (ou patas) daqueles que mais precisam, e você não está ajudando de qualquer maneira, se não conseguir garantir que seu dinheiro seja investido adequadamente.

Se não tiver certeza de como seu dinheiro está ajudando alguém, invista você mesmo, como eu sempre faço, comprando brinquedos para crianças, e ofereça-os diretamente em um hospital ou instituição que permita que você entregue os brinquedos em mão.

Uma amiga budista costumava fazer um gesto muito agradável para aumentar seu carma positivo. Ela comprava tartarugas, peixes e outros animais de lojas locais e depois os libertava em seu ambiente natural. Embora você mantenha esses negócios vivos pagando pelos animais, também está usando seu dinheiro para resgatá-los, e isso sempre aumenta seu próprio fluxo de riqueza, como se com cada quantia de dinheiro usada para resgatar animais, você aumentasse a quantidade de dinheiro vindo em sua direção. E ela estava realmente muito bem financeiramente e sempre atraindo empregos com salários muito altos.

Etapa 12: Atraindo Mais Riqueza com Amor

Quando você compartilha amor com o mundo, esse amor sempre volta para você. O dinheiro é simplesmente um meio que usa para experimentar esse amor de muitas outras maneiras. Depois que perceber que usar o dinheiro para tornar os outros mais felizes ou que comprar a liberdade dos animais pode aumentar seu senso de autoestima e como se sente em relação a si mesmo, naturalmente desejará ganhar mais. E é assim que você se torna uma pessoa melhor enquanto aumenta sua riqueza ao mesmo tempo.

Como pode ver, a crença de que ter dinheiro faz com que alguém seja mau é uma interpretação errônea da religião e da sociedade em geral. O que o torna mau é o ato de amar o dinheiro, em vez do que o dinheiro pode fazer por nós e pelo mundo como um coletivo.

Se consegue entender como o dinheiro pode torná-lo numa pessoa melhor, então, quanto mais rico você for, mais abundância atrairá, pois naturalmente vê o resultado positivo de ter mais.

Esta é a lei de Deus e do Universo — abundância atrai abundância; e essa abundância vem na forma de amor e compaixão, da qual o dinheiro é apenas a forma material que temos para mostrar e aplicar tudo isso.

Uma pessoa sem dinheiro não pode fazer muito pelos outros. É apenas quem tem mais que pode dar mais e fazer a diferença neste mundo.

Dito isto, é meu desejo pessoal que você use este livro com sabedoria e compartilhe sua abundância com o resto do mundo de uma maneira positiva.

About the Publisher

This book was published by the 22 Lions Bookstore.
For more books like this visit www.22Lions.com.
Join us on social media at:
Fb.com/22Lions;
Twitter.com/22lionsbookshop;
Instagram.com/22lionsbookshop;
Pinterest.com/22LionsBookshop.

www.ingramcontent.com/pod-product-compliance
Lightning Source LLC
Chambersburg PA
CBHW050437010526
44118CB00013B/1563